LA DOCTRINA DEL ÉTER
EN LA CÁBALA

GEORGE MARGOLIOUTH

LA DOCTRINA DEL ÉTER
EN LA CÁBALA

EDICIONES OBELISCO

Colección Càbala y judaísmo
LA DOCTRINA DEL ÉTER EN LA CÁBALA
George Margoliouth

1.ª edición: enero de 2023

Título original: *The Doctrine of the Ether in the Kabbalah*

Traducción: *Juli Peradejordi*
Maquetación: *Carol Briceño*
Diseño de cubierta: *Carol Briceño*

© 2022, Ediciones Obelisco, S. L.
(Reservados los derechos para la presente edición)

Edita: Ediciones Obelisco, S. L.
Collita, 23-25. Pol. Ind. Molí de la Bastida
08191 Rubí - Barcelona - España
Tel. 93 309 85 25
E-mail: info@edicionesobelisco.com

ISBN: 978-84-9111-935-7
Depósito Legal: B-20.796-2022

Impreso en los talleres gráficos de Romanyà/Valls S. A.
Verdaguer, 1 - 08786 Capellades - Barcelona

Printed in Spain

PRÓLOGO

Desde la más remota antigüedad se ha creído que una sustancia primordial, inodora e invisible, penetra el espacio íntimo de los seres y las cosas, y por lo general se la ha presentado como una especie de agua (que no moja las manos, según la feliz expresión de los alquimistas) o una influencia sutil y luminosa. De este modo, el éter bien podría ser tanto un «agua que no moja las manos» como una «luz de vida».

La etimología de Éter nos la regala Platón en su *Crátilo* (410 b), que hace derivar este nombre de su movimiento incesante. Para los antiguos griegos, el Éter era una divinidad alegórica que personificaba la región superior del aire, las profundidades de los cielos. Para Hesíodo era hijo de Erebo y de la noche, y algunos mitólogos lo han asociado a Júpiter. De hecho, uno de los sobrenombres de este dios era «etéreo» y una de sus hijas era Eternidad.

En todas las tradiciones se ha hablado de una sustancia que, de un modo u otro, correspondería al Éter. La tradición hindú afirma que una sustancia primordial llamada *Prakriti* subyace en toda la existencia física, recibiendo impulsos de otro principio, *Purusha*, que es el Espíritu Supremo, la primera causa intencional del mundo. *Prakriti* consta de 3 aspectos, las *gunas*, que corresponden a cualidades específicas y son componentes imprescindibles de cualquier objeto. Como estas cualidades están en interacción dinámica, los objetos están en constante evolución. Pero *Prakriti* también corresponde a la naturaleza, incluso al orden natural, tan cara a los alquimistas.

Para los hindúes, los elementos más cercanos a la densidad de la materia son cinco, y el éter (*Akasha*) es el que se asocia con el espacio. Produce Aire (ligereza), Fuego (energía), Agua (fluidez) y Tierra (forma), cada uno de los cuales está asociado a una cualidad. La palabra *Akasha* significa «brillar», «irradiar». *Akasha* es invisible, pero impregna todo el espacio, todas las cosas. Se hace visible localmente al densificarse en manifestaciones. Es en esta sustancia donde se producen los movimientos, el *prana*, que es el aliento de la vida. Como escribe René Guénon:[1] «las tres *gunas*, que son las cualidades o más bien las tendencias fundamentales de las

---

1. Véase René Guénon, *El esoterismo de Dante*, cap. VI, Ediciones Obelisco, Rubí, 2021.

que procede todo ser manifestado; según que una u otra de estas tendencias predomine en ellos, los seres se reparten jerárquicamente en el conjunto de los tres mundos, es decir, de todos los grados de la existencia universal. Las tres *gunas* son: *sattwa*, la conformidad a la esencia pura del Ser, que es idéntica a la luz del Conocimiento, simbolizado por la luminosidad de las esferas celestes que representan los estados superiores; *rajas*, la impulsión que provoca la expansión del ser en un estado determinado, tal como el estado humano, o, si se quiere, el despliegue de este ser en un cierto nivel de la existencia; finalmente, *tamas*, la obscuridad, asimilada a la ignorancia, raíz tenebrosa del ser considerado en sus estados inferiores. Así, *sattwa*, que es una tendencia ascendente, se refiere a los estados superiores y luminosos, es decir, a los Cielos, y *tamas*, que es una tendencia descendente, se refiere a los estados inferiores y tenebrosos, es decir, a los Infiernos; *rajas*, que se podría representar por una extensión en el sentido horizontal, se refiere al mundo intermediario, que es aquí el «mundo del hombre», puesto que es nuestro grado de existencia el que tomamos como término de comparación, y que debe ser considerado como comprendiendo la Tierra con el purgatorio».

Con los filósofos griegos, este conocimiento se vuelve más simple, más material. El universo está lleno de un campo de energía llamado éter. La palabra éter (αιθηρ) se deriva de *aíthô*, que significa estar suspendido en el aire e iluminar el cielo con su brillo. Según Pitágoras, es una materia celestial, pura y homogénea, distinta del aire ordinario, αηρ, que es impuro y heterogéneo. De manera similar Platón (*Timeo*) distingue dos tipos de aire: uno, grosero y lleno de vapor, es el aire que respiramos; el otro, más sutil, es el éter, en el que están inmersos los cuerpos celestes y llevan a cabo sus revoluciones.

Bien conocido es el grabado suizo que reproducimos, tomado de una obra de Camille Flammarion que representa al sabio que sale de su destino astral para respirar el éter primordial.

En la mitología griega, se consideraba la esencia pura que los dioses respiraban, llenando el espacio donde vivían, similar al aire que respiraban los mortales. *Aether* está vinculado a αἴθω «para ser incinerado», e intransitivo «para ser quemado, para brillar» (en relación con el nombre *Aithiopes* (etíopes), que significa «personas con la cara quemada (negra)». Como escribía René Guénon[2] «El nombre de los etíopes significa literalmente «caras quemadas» (*aithi-ôps*)[3], y, por consiguiente, «caras negras»; se lo interpreta comúnmente como la designación de un pueblo de raza negra, o cuando menos de tez oscura»

En un discurso pronunciado en Florencia en el año 1944, Italia, el físico alemán Max Planck (1858 - 1947), que introdujo la noción de cuántica en 1900, expresó su convicción de la existencia de un éter:

«Como un hombre que ha dedicado toda su vida a la ciencia más lúcida y al estudio de la materia, puedo decirles esto como conclusión de mi investigación sobre los átomos: la materia no existe. Toda la materia se origina y existe sólo en virtud de una fuerza que hace vibrar las partículas de un átomo y que sostiene todo este sistema atómico en conjunto. Debemos asumir detrás de esta fuerza la existencia de una mente consciente e inteligente. Esta mente es la matriz de toda la materia».[4]

---

2. En sus *Símbolos fundamentales de la ciencia sagrada*, cap. XVI. Ed. Eudeba, Buenos Aires, 1969.

3. De la misma raíz *aith-* deriva también el vocablo *Aithèr*, ya que el Éter puede considerarse en cierto modo como un fuego superior, el del «Cielo empíreo».

4. Max Planck, *The Nature of Matter*, discurso pronunciado en Florencia, 1944; Archivo de la Historia de Max Plank, rep. 11, 1797.

En un curiosísimo trabajo titulado *Dissertation sur les principes des mixtes naturels*, del Sr. Du Clos, consejero y médico ordinario del rey, publicado en París en el año 1677, leemos:

> «la Luz es la primera cosa que vemos, y todas las demás no las veremos sino por ella».[5]

Adelantándose sorprendentemente a su tiempo, nuestro autor escribiría:

> «Con mucha razón considero a la Luz como una sustancia media entre la corporal y la incorporal y le doy el nombre de 'espíritu'».[6]

A parte de médico, Du Clos era alquimista. Cuando habla del espíritu ígneo parece estar hablando el éter:

> «Este espíritu extendido por todo el Universo, que llena los espacios y penetra los cuerpos, se encuentra por todas partes, fuera y dentro de los Mixtos. La naturaleza general actúa por medio de él en los Mixtos que especifica por la impresión de los caracteres de sus ideas típicas…».[7]

---

5. *Dissertation sur les principes des mixtes naturels*, del Sr. Du Clos, consejero y médico ordinario del rey, publicado en Amsterdam en el año 1677, pág. 23.

6. *Dissertation sur les principes des mixtes naturels*, del Sr. Du Clos, consejero y médico ordinario del rey, publicado en París en el año 1677, pág. 96g.

7. *Dissertation sur les principes des mixtes naturels*, del Sr. Du Clos, consejero y médico ordinario del rey, publicado en París en el año 1677, pág. 51.

También nos dirá:

«Esta sustancia de sí completamente incorporal, tiene una cierta participación de la intelectualidad».[8]

«La doctrina cabalística del éter», sostiene Margoliouth, «no se limita a la materia, sino que incluye la inteligencia del universo como una fuerza esencial».

En este trabajo nos explica que Moisés le León identifica el éter con la sefirah de Keter (כתר), la «corona» y en ello coincide con el Gaón de Vilna. Sin embargo, según el Zohar (III-255a) el éter corresponde a la sefirah de Tiferet.

Comentando el Zohar (I-16b) que dice:

«Esta luz era el misterio de lo Oculto, expansión que se difunde y que irrumpe del misterio del encierro del aire supremo oculto. Irrumpe en un comienzo y quita un punto de su propio misterio».

Los sabios nos enseñan que se trata del Éter, el *Avir* (אויר) y que el punto que se quita es la letra *Iod* (י), así lo que queda es *Or* (אור), «luz».

De este modo lo que más se parecería al éter son el aire y la luz, y para los alquimistas nos alimentaríamos de ellos. En su *Tratado de la naturaleza en general*

---

8. *Dissertation sur les principes des mixtes naturels*, del Sr. Du Clos, consejero y médico ordinario del rey, publicado en París en el año 1677, pág. 103.

(cap. XII), el Cosmopolita sostiene que «en el aire está oculta la carne de la vida». Este sabio escribió que:

> «…todas las cosas se producen a partir de un aire líquido; es decir, de un vapor que los Elementos destilan en las entrañas de la Tierra por un movimiento continuo; y tan pronto como el Archeo[9] lo ha recibido, lo sublima a través de los poros y lo distribuye por su sabiduría a cada lugar: para el Zohar, el éter también es un lugar. Más adelante, en el comentario a la parashah *Lej Lejá* (Zohar I-77a-77b), ¡Ay de quienes duermen estando despiertos y el sueño se ubica en el hueco de sus ojos! No conocen y no atienden cómo habrán de comparecer en el Juicio y que deberán rendir cuentas mientras sus cuerpos se impurifican y su alma flota en la superficie del éter transparente, que sube y baja».

El trabajo del erudito George Margoliouth que traducimos y presentamos fue publicado en el mes de julio del año 1908 en *The Jewish Quarterly Review*, Vol. 20, N°. 4, en las págs. 825 a 861. Él mismo nos confiesa que podría haberse titulado «*El Shekel haKoddesh* de Moisés de León»[10], ya que prácticamente todo su estudio se basa en este libro. Nuestro autor muestra en algún momento la similitud entre un pasaje del Zohar (I-16 b) y el *Shekel haKoddesh*, pero evita entrar en la polémica de si Moisés de León es o no es al autor del Zohar. Su interés se centra

---

9. Nombre dado por Paracelso al espíritu vital que, según él, preside la nutrición y la conservación de los seres vivos.

10. El *Shekel haKoddesh* o ««El siclo del santuario» ha sido publicado íntegro con el texto hebreo en esta misma colección. Ediciones Obelisco, Barcelona, 2022.

en la doctrina del éter. Ésta no se limita a aparecer en el Zohar o en el *Shekel haKoddesh*, varios otros cabalistas de la misma época sostuvieron la misma doctrina en una forma más o menos definida. Hemos de agradecer aquí al buen amigo Hans Hammershlag que nos proporcionó el original sobre el que hemos trabajado.

EL EDITOR

I

CONSIDERACIONES GENERALES SOBRE LA CUESTIÓN

Otro título que bien podría haber sido colocado en la cabecera de este trabajo sería el de «*Shekel haKoddesh* de Moisés de León», ya que los ejemplos de esta obra que se darán en la segunda parte del trabajo tienen la intención de proporcionar al lector una idea bastante completa del contenido de todo el tratado, y encarnan una gama de ideas cabalísticas más amplia que la comprendida en nuestro título. Pero como la doctrina del éter es el tema principal en torno al cual se agruparán todas las demás cuestiones, y como, además, los pasajes del mismo *Shekel haKoddesh*, al igual que los extractos de otras obras, fueron seleccionados principalmente con el fin de ilustrar la posición que esta doctrina ocupa en la mística judía del siglo XIII, el título elegido para el trabajo es, finalmente, el más apropiado de los dos.

No diremos aquí nada nuevo a propósito de la vida de Moisés de León. Tampoco intentaremos hacer referencia a la cuestión de la autoría o compilación del Zohar desde ningún punto de vista, salvo los sugeridos por el tema principal de este trabajo, y algunos otros puntos a los que se hará referencia más adelante. Una comparación entre los extractos del *Shekel haKoddesh* y una serie de pasajes del Zohar parece, de hecho, señalar enfáticamente a Moisés de León como el autor o compilador de ese misterioso libro. Particularmente llamativa es la similitud, no sólo en cuanto a ideas sino también en cuanto a lenguaje, entre los extractos de Zohar, I, fol. 16b (*véase* p. 34) y el pasaje del *Shekel haKoddesh* impreso antes de él. Una comparación cercana entre los dos acompañará la traducción del primero, para que sólo sea necesario mencionar aquí el punto principal. *Or* (luz primordial) está en ambas obras concebida como habiendo sido originalmente una con (o, en todo caso, ligada a) el éter primordial, y su existencia separada data del momento en el que el éter entró en su carrera de condensación que finalmente resultó en la formación del cosmos tal como lo conocemos; porque, como se establece claramente en ambos pasajes, *Or* (luz primordial) es la que permaneció del *Awir* (éter primordial) después de la transición de este último al modo primordial de condensación que está representado por la *nekuddah* (punto). Sin embargo, no se puede afirmar que una similitud tan cercana como ésta, como se puede demostrar, sea lo bastante concluyente. Porque no puede haber duda de que otros cabalistas de la misma época sostuvieron la misma doctrina en una forma más o menos definida. Lo mismo puede decirse de algunas otras doctrinas comunes al Zohar y al *Shekel haKoddesh*.

Un estudio minucioso de la literatura cabalística del siglo XIII revelará, creo, el hecho de que escritores como Moisés de León, Abraham Abulafia, Menahem Recanati y otros, aunque se diferenciaron entre sí en el método y la línea especial de desarrollo, se movieron todos y cada uno de ellos en la misma atmósfera general de pensamiento (y en parte también de estilo) de la que surgió la teosofía finamente fantástica del Zohar. Al leer ciertas partes de esa obra, más particularmente la «Idra Rabba» (Gran Asamblea) y la «Idra Zutta» (Pequeña Asamblea), uno casi se inclina a opinar que cierta cofradía de cabalistas reunidos en cónclave fue la que produjo el libro en lugar de un único individuo. Pero sea como fuere, no se pueden extraer pruebas suficientemente concluyentes sobre el origen del Zohar (o al menos eso me parece) a partir de los puntos concretos que el presente trabajo va a tratar. Todo lo que se puede decir es que la conexión de Moisés de León con él parece más bien reforzada por la comparación de varios pasajes de esa obra con el *Shekel haKoddesh*.

Antes de seguir adelante, hay que decir algo no muy complicado sobre el estilo del *Shekel haKoddesh*.[1] No es mucho decir que, en cuanto a la forma de expresión, Moisés de León se encuentra aquí en su peor momento;

---

1. Compuesto en Guadalajara en el año 1292. Museo Británico. El ejemplar (del siglo XVI o anterior) lleva el número Add. 27,044. La copia de la Bodleiana se describe en Neub. Cat. nº 1606, I. La obra también se llama מערכת אלהות; véase Steinschneider, Cat. Bodleiana col. 1850.

aunque en lo referente a la audacia intelectual y a la fantasía es probable que se encuentre en esta obra en su máximo esplendor. Se trataba, evidentemente, de uno de esos pensadores inquietos que, en parte por un defecto de temperamento y en parte como consecuencia de circunstancias turbulentas, encuentran muy difícil hacer que sus palabras sigan el ritmo de sus pensamientos. La mente se apresura exultante y violentamente, mientras que la pobre pluma, que tropieza, sólo puede tratar confusamente de anotar lo que se le pide que escriba. El resultado está compuesto por las repeticiones constantes de las mismas palabras y frases, modos de expresión oscuros y dudosos, sentencias vacilantes y mal construidas. Es por esta razón por lo que no tendría mucho sentido ofrecer una traducción literal de la exposición de Moisés de León.[2] Tal interpretación simplemente añadiría a la injusticia que, por su manera de expresarse, él mismo infligió a sus ideas. El único plan satisfactorio que podíamos adoptar, por regla general, era anotar el sentido general de un pasaje, omitiendo las repeticiones y exponiendo su idea principal de la forma más clara posible.

---

2. En la traducción de los extractos de otras obras citadas en este trabajo también tuvimos que emplear una cierta libertad; pero mientras que en la mayoría de los casos los pasajes hebreos y arameos bien escritos sólo tenían que ser parafraseados ocasionalmente en una forma moderna de poner las cosas, el *Shekel haKoddesh* requería, por así decirlo, ser reescrito antes de poder ser traducido.

Volviendo ahora de forma más decidida a la doctrina del éter, hay que señalar en primer lugar que la Cábala judía se ha anticipado varios siglos[3] a las ideas esenciales encarnadas en la teoría científica más reciente sobre la constitución de la materia, es decir, la idea de que las sustancias materiales tal como las conocemos, o imaginamos conocerlas, surgen del imponderable[4] e impalpable éter, y son, de hecho, una modificación del mismo. La parte eléctrica de la teoría estaba, por supuesto, total-

---

3. Sobre las ideas de algunos de los filósofos griegos antiguos sobre este tema (o temas cercanos) véase Eduard Zeller, *Esquemas de la Historia de la Filosofía Griega* (segunda edición, 1892); y, para una información más completa, el trabajo más desarrollado del mismo autor sobre el mismo tema, (4ª edición, Leipzig, 1877-81). Anaximandro (principios del siglo VI. Ac.), por ejemplo, enseñó que el principio (ἀρχη) de todas las cosas era el ἄπειρον = (אין סוף) que aparentemente fue concebido por él «ni como compuesto por los últimos cuatro elementos, ni como una sustancia intermedia entre el aire y el fuego, ni como una sustancia intermedia entre el aire y el agua, ni por último como una mezcla de substancias particulares en las que éstas estaban contenidas como tipos de materia definidos y cualitativamente distintos». Esto se parece mucho al éter tal como lo conciben los cabalistas y la ciencia moderna, aunque Zeller sugiere la explicación alternativa que Anaximandro quiso decir con ello «materia en general, a diferencia de los tipos particulares de materia».

4. El epíteto «imponderable», sin embargo, aunque todavía se usa bastante generalmente, seguramente tendrá que ser abandonado. En una conferencia pronunciada en la Royal Institution en febrero de este año, Sir Oliver Lodge declaró que el éter pertenecía al mundo material o físico, de acuerdo con la concepción originada hace unos años por Mendelieff (véase R. K. Duncan, *The New Knowledge*, p. 250). Aceptando esta visión del éter se escapa a la dificultad extrema, o más bien a la imposibilidad, de darse cuenta de cómo las cosas materiales pueden evolucionar fuera de una sub-posición absolutamente inmaterial. Es muy probable que, si el cabalista fuera presionado para obtener una respuesta lógica, se vería obligado a admitir que la sustancia insondable llamada por él *awwir zakh* tenía originalmente cierta afinidad con la materia.

mente ausente de las mentes de Moisés de León y de los otros cabalistas involucrados. Tal presciencia tan avanzada para su época difícilmente podría esperarse ni siquiera en los pensadores más audaces de los tiempos medievales; pues habría implicado no sólo un conocimiento –por muy místico que fuera– de la supuesta interacción de varias fuerzas naturales aún oscuras, sino también una maravillosa anticipación de la ciencia de la electricidad misma. Pero es notable que la teoría piknótica de la sustancia que, en palabras de Haeckel (*Riddle of the Universe*, cap. xii), declara que «la fuerza primitiva del mundo... es la condensación de una simple sustancia primitiva, que llena la infinidad del espacio en una continuidad ininterrumpida» esté, en el germen, contenida en la teoría cabalística del נקדה[5] o punto de condensación considerado el primer estadio en la transición del éter a la materia por lo que la cabalística נקדה puede compararse con las «partes diminutas de la sustancia universal, los centros de condensación, que... corresponden en general a los últimos átomos separados de la teoría cinética», que considera la vibración de las partículas en el espacio vacío como la fuerza primaria de la sustancia, o para acercar la comparación al desarrollo del pensamiento científico tal como lo elaboraron los profesores J. J. Thomson, Sir Oliver Lodge y otros, el punto caba-

---

5. La doctrina del צמצום (condensación) tan plenamente desarrollada por los cabalistas posteriores puede entenderse que parte de la doctrina del נקדה.

lístico de condensación puede ser declarado no muy diferente (salvo la idea de electricidad) de la forma primordial de «masa» que se define como «una unidad de electricidad negativa en movimiento» que lleva consigo «una porción del éter circundante» (R. K. Duncan, *The New Knowledge*, p. 247).

Desde el punto de vista científico, la forma cabalística de la teoría es, por supuesto, meramente una cruda anticipación del «nuevo conocimiento» (¿o «nueva hipótesis»?) al que se hace referencia. Pero en cierto aspecto, Moisés de León y los cabalistas de pensamiento afín pueden, desde su punto de vista, alegar cierta superioridad sobre la teoría reciente. Porque la doctrina cabalística del éter no se limita a la materia, sino que incluye la «Inteligencia»[6] del universo como una fuerza esencial, o más bien esencial, a tener en cuenta. La enseñanza de los cabalistas sobre el éter está, como se verá más adelante, ligada a la doctrina de las «Sefirot» o «Emanaciones», que después de כתר: o Corona (identificada por Moisés de León y otros con el éter), abrazan la Sabiduría (חכמה), el Entendimiento (בינה), y fuerzas espirituales de naturaleza aliada. Los cabalistas se enfrentan así a un universo más amplio y más grande que la ciencia actual en su cuidadosa autolimitación de lo palpable

---

6. Es verdad que varios científicos también enseñan que los gérmenes de la inteligencia se encuentran en el éter y también en lo que llamamos materia (ver p. ej. Haeckel, *Riddle of the Universe*, 1904, p. 78); pero en la mente del cabalista la idea de la Inteligencia Divina «domina» toda la teoría del éter en todas sus partes.

y conocible, que se atreve a contemplar. Para la ciencia cabalista, o lo que sepamos de ella, está íntimamente ligado a la religión, o más bien a la teosofía.[7] Su doctrina del éter es, por lo tanto, necesariamente una concepción mucho mayor que la de la ciencia en el sentido moderno habitual de la palabra, y su נקדה, o punto de condensación, significa mucho más de lo que se expresa en los términos masa, corpúsculo, átomo, etc. La cábala es, de hecho, un sistema de pensamiento que apunta nada menos que a la explicación de todo el universo, tanto de lo visible como de lo invisible, tanto de la materia como de la mente.

Otro hecho importante que, aunque ya brevemente indicado, ahora debe ser tratado más a fondo; es que, aunque la doctrina del éter del que aquí se habla no parece estar en la superficie de las enseñanzas cabalísticas, un conocimiento más profundo de esta literatura revela un acuerdo considerable con respecto a la proposición principal.

La forma más temprana en que la doctrina aparece en el misticismo judío es probablemente la que se encuentra en el *Sefer Yetzirah*, cap. II, 5. La Mishnah en

---

7. A menudo se ha discutido si el *Sefer Yetzirah* debe ser considerado como una obra sobre el misticismo o sobre la filosofía natural. El hecho es que es ambas cosas. Trata en gran parte de la naturaleza, pero está penetrado por el espíritu del misticismo. Es representativo de una fase del pensamiento humano en la que no se hace distinción entre los dos. La naturaleza está en tal condición de pensamiento que nunca se ha pensado en ella como algo aparte de la misteriosa inteligencia que se halla detrás de ella y por encima de ella.

cuestión aparece más breve en la recensión del tratado atribuida a Saadia Gaon, impreso por primera vez al final de la edición de Mantua del año 1562:

יצר מתוהו ממש ועשה את שאינו ישנו וחצב עמודים גדולים מאויר

La recensión impresa en la parte principal de la edición de Mantua a la que nos referimos es la siguiente:

יצר מתוהו ממש עשה אינו ישנו חצב עבנים גדולות מאויר שאינו
נתפם וזה סיצן. צופה ומימר עושה כל היצור ואת כל הדב־רים שם אחד
וסימן לדבר עשרים ושתים מניינם כגוף אחד

Una ampliación de este texto la encontramos en la edición de Lazarus Goldschmidt (Frankfurt, 1894):

יצר מתהו ממש ועשה את אינו ישנו וחצב עמודים גדולים מאויר שאינו נתפש וזה (א" עם כלן וכלן עם אחד) צופה ומימר ועשה (את) כל היצור ואת כל הדברים שם אחד וסימן לדבר עשרים ושנים חפצים בגוף אחד

Para nuestro propósito actual bastará con traducir la forma más larga del texto tal como aparece en la edición de Mantua; pero es necesario, antes que nada, justificar la traducción de אור שאינו נתפס como «el éter impalpable». Si el aire atmosférico, del que también se puede hablar, por supuesto, y del que se dice que no se puede atrapar con la mano, estuviera aquí, encajaría mal con la afirmación de que un «algo» (ממש) fue creado a partir de *Tohu*, y que «lo existente» (ישנו) fue producido a partir de lo «inexistente» (אינו).[8] Los «grandes pilares» o «grandes rocas» que se produjeron a partir de נתפס אויר שאינו, son claramente paralelos a « lo existente,» y אויר שאינו נתפס es en sí mismo a lo «inexistente.» La opinión[9] de que el término en cuestión debe entenderse en el sentido de que representa algo que no tiene nada que ver con la naturaleza fue adoptada, de hecho, por varios de los comentaristas más importantes del *Sefer Yetzirah*. En el comentario atribuido a Abraham b. David (ראבד, מרוח אלהים חיים) («fuera del aliento del Dios viviente») se da como el equivalente de אויר שאינו נתפס. En el comentario hebreo atribuido a Saadia Gaón, el término está relacionado con תולה ארץ על בלימה («suspende la Tierra sobre la nada») en *Job* 26:7; y el gran clarividente Elías Gaón, de Vilna, lo refiere al misterio de כתר («Corona», la Sefirah más elevada).

Aceptando, entonces, esta visión en cuanto al significado de אויר שאינו נתפס, una traducción de la forma larga del párrafo en el *Sefer Yetzirah*, como está impreso

---

8. A propósito de la fuerza exacta del término אינו comparar Moisés de León, primer extracto del *Shekel haKoddesh* que aparece en la segunda parte de este trabajo.

9. La interpretación de Goldschmidt, «aus unabfassbarer Luft», es claramente errónea.

en la parte principal de la edición de Mantua, podría ser: «Él creó un algo fuera de *Tohu*, y produjo lo existente fuera de lo inexistente, y esculpió grandes pilares[10] fuera del éter impalpable. Y ésta es la señal: Él mira, y la Palabra[11] produce todos los objetos creados y todas las cosas por [el poder] de un Nombre, siendo la señal: veintidós[12] es su número, como un cuerpo».

Este pasaje del *Sefer Yetzirah* es el principal, si no el único texto en el que los místicos posteriores basaron su doctrina más elaborada del éter. Obviando una serie de pasajes anotados durante mi lectura de varias obras cabalísticas, me limitaré aquí a citas de (a) la Oración atribuida a R. Nehunia ben Hakana; (b) un comentario cabalístico temprano sobre el Sidur (el libro de Oración), contenido en el MS Adicional del Museo Británico. 27,009; (c) צורת העולם de Isaac ibn Latif (d) el *Shekel haKoddesh*; (e) el Zohar.

Con respecto al extracto de Isaac ibn Latif, hay que señalar, sin embargo, que aquí se incluye sólo a modo de tentativa, porque su relación con la doctrina del éter no es de ninguna manera segura. Por un lado, se notará que su descripción de la *Or* (luz primaria) se parece mucho a la del *awwir kadmon* (éter primario) o el impalpable *awwir zakh* (éter puro) como se encuentra en el

---

10. Variante, «grandes rocas».

11. מימר = מימרא o λόγος. Comparar con Golschmidt *in loco*.

12. Es decir, las veintidós letras del alfabeto, que representan todo el habla y, por lo tanto, todo el pensamiento.

Shekel haKoddesh y en otros lugares. Un segundo punto a favor de la identidad de los dos es que tanto en el Zohar como en el *Shekel haKoddesh*[13] la luz primordial es la designación de aquella parte del éter que no sufrió el proceso de condensación. Pero, por otra parte, hemos de saber que Isaac ibn Latif, que en primer lugar fue filósofo y sólo en segundo lugar cabalista aficionado, se mueve en otras ideas en el pasaje tomado de צורת העולם. Su «luz primordial» está en una relación similar a la «inteligencia suprema» como חמר (ὕλη «materia») a צורה (εἶδος o μορψή «forma»). Aun así, sin embargo, la comparación lejana de la luz primitiva con la forma más sutil del חמר mismo sugiere algo parecido al éter; y también debería admitirse que, aunque Isaac ibn Latif tiene aquí una corriente de pensamiento diferente en su mente, las dos maneras de considerar la *Or* primitiva, después de todo, no son incompatibles entre sí. Por lo tanto, más que excluir el pasaje en cuestión, nos ha parecido mejor darle un lugar entre los otros extractos, aunque sólo sea provisionalmente.

---

13. Por esta razón, un pasaje del *Shekel haKoddesh* que trata sobre *or* y *awir* se inserta después del extracto del צורת העולם.

תפלת הייחוד דר' נחוניא בן הקנה ז"ל

(Del B. M. Add. 27.009, fol. 57 b)

באי שדי טהור בטוהר המציאות ואדיר באחדות השוה המת־
עלה המתרוצם באויר הקדמון המתמצע לז" לז" קדיש נאדר
טעם טובך אהיה אשר אהיה אשאלך למען נצחך בתמידו־
תך בתחלת עשר ספירותיך שהם השלמת הכל במדה נכונה
ובשיעור מתנקן ונם הם מתכונת מהותך בספירה הראשונה
שהיא כתר עליון הודך והדר כבורך אחר יתיר מיחר בנראה
ובנסתא בסוד נעלם

Traducción

*La Oración de la Unidad compuesta
por R. Nehunia ben Hakanah.*

Bendito tú, *IHWH Shaddai*, sereno en la serenidad del ser (primordial), poderoso en la unidad sin límites[14], elevado en lo alto y exaltado en el éter primordial...[15] Te dirijo mi petición, confiando en tu constante fuerza, por la primera de tus diez emanaciones sobre las cuales escribí en su totalidad y que son la plenitud de todas las cosas en justa medida y debida proporción, siendo al mismo tiempo la totalidad de tu ser. Te glorifico en la primera Sefirah, que es la Corona exaltada, tu majestad,

---

14. השוה, igual o similar.
15. La parte omitida me parece oscura.

y la gloria de tu dignidad; uno, unitario y único en el misterio oculto, tanto en lo que se ve como en lo que está escondido.

אמר המחבר אעפי שרצוני לדבר בענין התפלה בלבד לא
יתכן עזהי ענין גדול כמו זה לכן אדבר בענין הצירוף מעט
מזער. אלף תיו הוא הצירוף הראשון וביארנו שמאות אלף
מציאות ידיעת והאור הקדמון ואמר עליו בספר יצירה רוח
אלהים חיים והוא מורה אדון האדונים ואלהי האלהים והוא
מקבל השפע הראשון רממנו ימצא שפע לכל הספירות האח־
רות ומהם לכל הנמצאים נמצא עיקר דברינו שמקבל השפע
הראשון והוא רוח אלהים חיים וחיי העולמים והנמצא הרא־
שון והשם הגדול ושמו כשם רבו נקרא אחד כמוהו והוא
האויר הקשמון אשר ממנו יהיה כל נמצא שן בראשית ברא
אלהים ומן התיו תמצא תרומה והדברים האחרים אשר זכרנו
בלוח נמצא מן הצירוף הראשון ימצא ידיעת האחדות והיא
תרומת כל וכן אורים ותומים ואהל מועד ותורה וכבר אתה
יודע שהתודה קרמה לעולם אלפים שנה ובשביל נברא העו־
לם.

Traducción

El autor dice: aunque mi objetivo es hablar únicamente de la oración, no puedo omitir completamente un asunto tan excelso. Por lo tanto, haré algunos comentarios sobre la combinación de las letras. La primera combinación es ת"א,[16] y ya hemos explicado que «la

---

16. O sea, el famoso *Tseruf* conocido como *Atbash*.

existencia», el conocimiento de la unidad divina y la luz primaria proceden de la letra א.[17] En el *Sefer Yetzirah* se le aplica la denominación «Aliento del Dios vivo». Se refiere al Señor de los Señores y al Dios de los Dioses. Recibe el primer efluvio divino, y de él procede el efluvio de todas las demás Sefirot a partir de las cuales es comunicado a todas las cosas existentes. La sustancia de lo que estamos diciendo, entonces, es aquello que recibe el primer influjo, y es idéntica al «Aliento del Dios viviente», que es el principio vivificante del mundo, la existencia primigenia, y el gran Nombre (que es el mismo que el de su Señor),[18] es como el Señor Supremo mismo denominado Uno. Es igual que el éter primordial del cual proceden todas las cosas; porque está escrito: «En el principio creó Elohim».[19] Y de la letra ת procede la palabra תרומה (*Terumah*, algo que está por encima, como expresión de la producción de las cosas por medio de la emanación, y de los principales objetos y facultades así producidas), así como de las otras cosas que hemos mencionado en la lista. Así se muestra que de la primera combinación procede el conocimiento de la Unidad divina, que es la *Terumah* de todas las cosas, así como el *Urim veThummim*, el tabernáculo y la *To-*

---

17. *Véase* Moisés de León, pág. 41.

18. El éter primitivo se identifica aquí con Metatrón, quien desempeña un buen número de papeles en la mística judía medieval; véase Oesterley y Box, *The Religion and Worship of the Synagogue*, pp. 176-8 sqq.

19. *Véase* Moisés de León, pag. 41.

rah. Esta última, como ya sabemos, existió durante dos mil años antes que el mundo, que fue creado por su consideración (de la *Torah*).

**De la obra de Isaac ibn Latif, צורת העולם,
texto impreso, págs. 10-11.**

ואשוב לכוונת הפרק ואומר כי זה השכל העליון הנשגב שר־
מונו עליו מתפלש באור בהיר כמראה זוהר פשוט בתכלית
הפשיטות וזך בתכלית הזכות הולך ואור עד אין חקר ונגה לו
עד לאין תכלית לא נתנה רשות לעין לראותו ולא בכח העיון
לבא עד תכונתו הוא שאליו רמז דניאל ונהוררא עמיה שדי.
וזה הסוד הקדמוני הנרמז אליו הוא דרך משל כרמות חומר
פשוט בתכלית הפשיטות והטוהר וזך בתכלית הזוהר והזכות
והוא המתואר באור פני מלך וזה האור הרוחני מתאחד ומ־
תעצם בזה השכל העליון הקדמוני הנרמז אליו עד שנמצא זה
השכל דרך משל ג"כ כדמות צורה לו מתפלשת ומתאחדת
בזה האור הרוחני וכו.

Regreso ahora al significado interior del tema,[20] y digo que la poderosa inteligencia suprema a la que hemos aludido yace expandida en una luz brillante, llena de esplendor, absolutamente simple y sutil, que resplandece continuamente en un brillo inagotable e inescrutable. A ningún ojo se le permite verla, y ningún entendimiento

---

20. Texto o capítulo.

puede comprender su naturaleza. Es a eso a lo que Daniel alude cuando dice: «Y la luz mora con él».[21] Éste es el misterio primordial al que se hace referencia, el cual, a modo de símil, puede compararse con la materia absolutamente pura y sutil,[22] enrarecida hasta el máximo grado de pureza y esplendor. También se la describe como «la luz del rostro del Rey».[23] Y esta luz espiritual está más estrechamente unida con la inteligencia suprema primordial a la que se hace referencia y, para usar otro símil, esta inteligencia es como la «forma» de la misma (es decir, de la luz primordial, que ha sido comparada con la extremadamente sutil חומר), extendiéndose y uniéndose a sí misma con esta luz espiritual.

Extracto del *Shekel haKoddesh* (B.M. MS. Add. 27.044, fol. 25).

אור הקדמון הוא כלל כל כל המציאות וכל ההויות למיניהם,

אמנם כי הוא ראש עליון על הכל וסוד המציאות הוא הוא,

והבן כי התחלת הכל המציא סוד נקודה התעלומה שהיא י'

שהוציא מזוהר אצילות מציאותו והוא הוא ענין אחד במ־

---

21. Véase Daniel 2:22.

22. El significado es que, aunque esta luz primordial es diferente de la materia (חמר ὕλη), sin embargo se acerca a nuestra comprensión por medio de una comparación. La inteligencia primordial está más lejos comparada con צורה (εἶδος o μορφή).

23. Véase Proverbios 16:15.

צִיאוּת אוּתה הנקודה, ומשם והלאה מה שֶׁנשתייר מסוד אויר
הוא אור וזהו שכבר היה חתום וחקוק היה מקודם זה בסוד
עניַן אויר, והתבונֵן כי ראש עניַן המציאוּת אשר הוא מן העוֹ־
לם ועד העולם זהו והוא קצה השמים

Traducción

La luz primordial es la suma total de todos los seres y
de todas las cosas existentes, ciertamente es la cabeza
suprema que está por encima de todo, y es en sí misma
el misterio de la existencia. Y entiende que desde el prin-
cipio de todas las cosas procedió el misterio del punto
oculto, a saber, la letra ', que fue producida a partir del
esplendor que emana de su ser. Esta letra es por lo tanto
una con el «punto oculto». Y aquello que después de la
formación de este «punto» permanece del misterio del
awwir (éter) es *or* (luz), habiendo este último sido antes
incluido en el misterio de *awwir*. Y has de entender que
ésta es la cabeza suprema de la existencia desde la eterni-
dad hasta la eternidad, y es la parte más extrema de los
cielos.

Zohar, I, fol. 16 b.

ויאמר אלהי»ם יהי אור ויהי אור, מהכא איהו שירותא לא־
שכחא גניזין היך אתברי עלמא בפרט דעד הכא הוה בכלל,
ובתר אתהדר כלל למהוי כלל ופרט וכלל. עד הכא הוה כלא
תליא באוירא מרזא דאין סוף כיון דאתפשט חילא בהיכלא

עלאה רזא דאלהי«»ם כתיב ביה אמירה, ויאמר אלהי«»ם
דהא לעילא לא כתיב ביה אמירה בפרט, ואף על גב דברא־
שית מאמר הוא, אבל לא כתיב ביה ויאמר, דויאמר איהו
קיימא למשאל ולמנדע. ויאמר חילא דאתרם וארמותא בח־
שאי מרזא דאין סוף, ברזא (נ«»א, ברישא) דמחשבה. ויאמר
אלהי«»ם, השתא אוליד ההוא היכלא ממה דאתעדיאת מז־
רעא דקדש ... יהי אור, כל מה דנפק ברזא דא נפק, יהי על
רזא דאבא ואימא דאיהו י«»ה, ולבתר אתהדר לנקודה קד־
מאה, למהוי שירותא לאתפשטא למלה אחרא אור, ויהי אור,
אור דכבר הוה, אור דא רזא סתימא, אתפשטותא דאתפשט
ואתבקע מרזא דסתרא דאויר עלאה סתימא, בקע בקדמי־
תא ואפיק חד נקודה סתימא מרזא דיליה דהא אין סוף בקע
מאוירא דיליה, וגלי האי נקודה י, כיון דהאי י אתפשט, מה
דאשתאר אשתכח אור, מההוא רזא דההוא אויר סתימאה

Traducción

«Y dijo Dios: hágase la luz, y fue la luz» (*Génesis* 1:3).
He aquí un comienzo para desvelar cuestiones ocultas
relacionadas con la creación del mundo en sus manifes-
taciones particulares. Porque hasta entonces todo estaba
envuelto en la única sustancia universal, pero en adelan-
te lo universal comenzó a ser distinguido como univer-
sal, particular y universal.[24] Hasta ese momento el «to-

---

24. La frase כלל ופרט וכלל está tomada del שלש עשרה מדות de R. Ishmael. El signifi-
cado aquí es que como todas las cosas particulares proceden de la sustancia
universal y en su combinación son equivalentes a ella, lo particular se encuentra
entre dos formas de la sustancia universal, la primera es primaria e indivisa, y la
segunda la suma total de todas las cosas particulares.

do» estaba suspendido en el *awwir* (éter) en el misterio del *Ein Sof* («lo infinito»). Pero cuando el poder comenzó a extenderse en el excelso *Haikal*,[25] que es el misterio de Elohim, se usa el término *amirá* («habla»): «Elohim dijo». Antes de ese momento no se utiliza ninguna *amirá* en particular. Porque, aunque *Bereshit* es también una expresión,[26] la frase *vaIomer* («y dijo») no está escrita en relación con ella. Este *vaIomer* nos incita a investigar y a buscar el conocimiento. *VaIomer* es el poder por el cual una *Terumah*[27] fue hecha a partir del misterio de *Ein Sof* por el misterio del «pensamiento»…[28] «Y Elohim dijo» Fue entonces cuando *Haikal* dio a luz lo que había concebido de la simiente santa... «Y la luz fue»; es decir, la luz que había sido antes, siendo la luz ese misterio escondido que se extendió y estalló del misterio profundamente oculto del excelso *awwir*. Surgió al principio y produjo de su misterio el «punto» oculto,[29] habiendo estallado *Ein Sof* de su *awwir* y manifestado ese «punto», a saber, la letra ׳; y cuando ese *Iod* se produjo, lo que quedaba de ese misterio del *awwir* escondido era *or* («luz»).[30]

---

25. *Véase* Moisés de León, pág. 39. La identificación del היכל הקדש con בינה allí adoptada concuerda con este pasaje del Zohar, la etapa en la cual la existencia se vuelve cognoscible no siendo inapreciablemente comparada con el parto.
26. *Véase* Moisés de León, pág. 37.
27. *Véase* פירוש התפלות, pág. 30.
28. *Véase* Moisés de León, pág. 39.
29. *Véase* Moisés de León, pág. 37, *passim*.
30. *Véase* Moisés de León, págs. 50-54.

B. Ejemplos del *Shekel haKoddesh* de Moisés de León. I. (B.M. MS. Add. 27.044, fol. 3 b sqq.) (pág 839).

1. Hemos subrayado las palabras escritas con letras grandes en el manuscrito. Hacia el final, algunas palabras importantes están señaladas con tres puntos (∴)

החלק הראשון הוא לדעת ולהשכיל על אשר אמרנו בתח־
לה, כי הוא יתברך אין מי שיוכל להשיג ולדעת ולהרהר ול־
חקור ולחשוב מחשבות אמנם נוכל להשיג קצת מסוד דרכיו
הנוראים והם המדות הנוראים, באשר הוא יתברך ברא בהם
את העולמות כי הוא עדות ברורה בתורה בפסוק ראשון של
תורה, בראשית, כי על כל פנים בכל התורה כלה תמצא כפי
סוד העניינים האלה:
והנני מגלה לך הסוד בהיות התורה עדות בסוד בראשית כבר
הורונו על סוד הסתום הנעלה במעלה העליונה, האויר הזך
שאינו נתפש כי היא מעלה נעלה ונסתרת מכל שאר המעלות
אשר תחתיו, ואמנם כי סוד המעלה הזאת אינה מעלה נשגת
בשום צד בעולם, והיא כלל כל האספקלריאות האחרות,
משם יצאו בסוד הנקודה היוצאת אשר היא מעלה נסתרת
והיא מקבלת מסוד האויר הזך הנסתרת, ממנה יצאו ואליה
ישובו, ועל כל פנים בהיות זו המעלה עיקר נסתר ונעלם אינו
נתפס בשום צד, וגם כי סוד הנקודה העליונה היוצאת ממנה
היא עלומה ונסתרת נתפסת היא בסוד ההיכל הפנימי כאשר
נפרש בע"ה:
ואמנם כי סוד הכתר העליון אשר אמרנו שהוא סוד האויר
הזך הנתפס, הוא נקרא סבת כל שאר הסבות ועלה לכל הע־
לות, ואמנם כי על כן אמרו ז"ל כי הסבות והמאמרות אשר
הם כתובים על ספר הראשון מחמשה חומשי תורה הם

עשרה מאמרות שבהם נברא העולם, כאמרם ז"ל בעשרה
מאמרות נברא העולם והא תשעה הוו, בראשית נמי מאמר
היא בהיות זו העלה עיקר כולם ואמנם כי יש מפרשים במו־
רד המדרגה התחתונה אבל על כל פנים כפי דעת היודעים
חן, היא סבה העליונה סבת הסבות ועלת העלות וגם כי היא
מעלה מיוחדת על כל פנים מאמר הוא:
ולפי זה הדרך תוכל להבין הענין הנכון על אשר אמרנו בהיות
הוא יתברך מיוחד במעלתו ואין לחקור ולהרהר בשום צד
במה שאינו מורשה כפי אשר אמרנו, ואמנם כי סוד ענין זה
סבה העליונה שהיא העלה הנסתרת מהכל מציאות הרא־
שון היוצא ממנו בראשונה היא סוד הנקודה הראשונה ומשם
משתלשל סוד המציאות, כי סוד נקודה אחת היא התחלה
לכל ההתחלות וראשית כל ההויות ועל כן אמר בעל ספר
יצירה ולפני אחד מה אתה סופר כלומר ולפני נקודה אחת
מה יוכל החושב לספור ולחשוב, כי לפני נקודה אחת אינו
זולתי אין סוד האויר הזך שאינו נתפס אשר אמרנו, ועל
כן נקרא אין כלומר אין מי שיוכל לעמוד עליו, ואם ישאל
השואל ויאמר היש פה יש שיוכל אדם לחשוב בו ואמר אין,
כי על כל פנים אין הוא דבר הנסתר שאין מי שיוכל לעמוד
בו, ועל ענין זה תוכל לדעת כי סודו ועניינו אין הוא:
התחלת המציאות בהיותו[31] הוא יתברך נעלה ונשגב במעל־
תו ולהיותו נמצא בסוד מציאותו היא סוד הנקודה העליונה
הרמה על כל רמים ומשם מתפשטים כל ההויות וכל הס־
בות הנמצאים בסוד מציאותו יתברך, כי תדע לך כל ההויות
אינן נמצאות מעלה ומטה מסוד זולתי נקודה אחת ומסוד
נקודה אחת ימשכו כל ההויות בסודותן ועל כן היא התח־

---

31. M.S.‏ בהיועדץ

לת כל הדברים כי על כל פנים האספקלריאות הן[32] נמשכות מסוד ההתחלה הראשונה. ואמנם בהיות זו הנקודה התחלת כל העניינים נקראת מחשבה כי אין מחשבה תלויה זולתי על דבר נסתר ונעלם והיא נקראת נקודה מחשבית ואמנם כי כל העניינים מעלה ומטה אינם מתהוים זולתי מתוך מחשבה כי המחשבה סתומה והמחשבה אינה נקראת מחשבה זולתי כפי הענין אשר אמרנו:

והנה יש לך לדעת סוד המחשבה הזאת שהיא סוד נקודה נע־ למה התחלת כל העניינים כפי הסוד הנכון אשר אמרנו, וגם אמנם כי ענין שמות הסודות האלה נפרש בע"ה ועדיין נחזור העניינים כולם כל אחד ואחד בסודו ועניינו סוד העניין הנ־ כון בזו הנקודה הנעלמה היא סוד הנתפס בהיכל הפנימי כי האויר הזך הפנימי אינו נתפס לעולם, וזו הנקודה המחשבית היא אויר הנתפס על כי הוא נתפס בסוד ההיכל הפנימי קדש הקדשים והיה כל מבקש ה' יקרב אל פתח ההיכל ואזי יקנה בינה, ואמנם כי כל הדברים עלו במחשבה ומשם נבראו ונ־ תהוו בסודותם ועניניהם וכבר עלה הכל במחשבה, ואל[33] יאמר האומר ראה זה דבר חדש בעולם אומר לו ישתוק כבר עלה במחשבה כי כל העניינים וכל הדברים מה שהיו מקודם זה ומה שעתידין להיות הכל עלה במחשבה:

מתוך נקודה זו התעלומה מתפשט ויוצא היכל הקדש הפני־ מי ונתהווה ונברא מתוכו ונקרא קדש הקדשים שנת החמ־ שים והוא הנקרא קול הדק הפנימי היוצא מתוך המחשבה, וכל ההויות וכל הסבות משם יוצאים בכח הנקודה העליונה, ועדיין נפרש העניינים בסודותם ועניינים בענין החלק השני

---

32. M.S. בן.

33. La construcción requiere ואם...אומר

בע"ה, עד כאן סוד השלש הספירות העליונות הנסתרות הנע־
למות והנטמנות בסודותן ועניינן, ומכאן והלאה סוד העניינים
בסוד המציאות והדברים העומדים בשאל׳

II. (B.M. MS. Add. 27.044, fol. 15b-16 a.)

עשר ספירות בלימה הם, והם בלימה על שם בלום פיך מל־
דבר ורעיוניך מלהרהר כי הם דברים עתיקים סתומים, ומתו־
כם סוד המרכבה העליונה כי הענין סתום וחתום הוא למוצאי
דעת:
כתר עליון, סוד המעלה העליונה סתומה וחתומה חקוקה
בסוד האמונה, והיא הנקראת אויר זך שאינו נתפס כפי אשר
התעוררנו בתחלה והיא כלל כל המציאות, והכל נלאו בח־
קירתם ואין להרהר ולחשוב במקום הזה, והענין נקרא בסוד
אין סוף כי זה הענין גורם כלל הכל, אמנם בו ניתק אזור כל
החכמים כי הוא סוד עלת העלות כאשר התעוררנו, והוא
הממציא את כולם, ויש להעיר ולהתבונן ולכונן הרעיון והמ־
חשבה כי הוא יתברך שמו אפיסת כל המחשבות ואין רעיון
יכילהו, ואמנם כי כאשר שאין מי שיכילהו שום דבר בעולם
נקרא אין, וזהו הסוד שנאמר[34] הכתוב והחכמה מאין תמצא,
וכל דבר הסתום והנעלם שאין מי שיודע בו כלום נקרא אין,
כלומר אין מי שיודע בדבר זה כלום, ואמנם כי נפש האדם
היא אותה הנקראת נפש השכלית אין מי שיודע להכיר בה
שום דבר בעולם, והיא עומדת בחזקת אין כאמרו ומותר
האדם מן הבהמה אין כי בזו הנפש יש לו לאדם מעלה על כל

---

34. M.S. שנאמר׳.

שאר הנבראים והשבח שבאותו הענין הנקרא אין, וגם אמנם
כי אם על הנפש הזאת כאשר התעוררנו אין מי שיודע בה
כל זה על העניינים הסתומים הנעלמים[35] אשר בה, כל שכן
וכל שכן על עוצם העלמת המקום הזה אשר עליונים ותח־
תונים לא ישיגו בחזקתו כלום, והבן כי יש אדם שעובר על
ראשו אויר המשמח הלב והרעיונים ואינו יודע מה הוא ועל
מה זהו שאינו נתפס כך בהתעורר המעלה הזאת לכולם נותן
זוהר והתנוצצות ואינו נתפס בשום צד בהם ואינם יודעים בו,
ולפי גודל מעלתו אין לו שם שיכיל בו, אבל מתוך שאר הכ־
תרים הסתומים שאינם נשגים יתפרש האדם השכלי מרעיון
וממחשבה להרהר

III. (B.M. MS. Add. 27.044, fol. 74 a-75 b.)

מתוך דברי התורה הקדושה ומה שהורונו הקדמונים רז"ל
הם הקדושים אשר בארץ ומשרתי עליון מתוך דבריהם יוכל
האדם להשיג ולדעת ולחקור עד המקום אשר הכינו למו־
שב לו, סוד סתרי הנעלם והפנימי אשר לא נתפס הוא האויר
הזך הקדמון אשר הזכרנו בתחלה, אין לו ערך ודמיון ואין
שום רעיון ומחשבה שתופס בו כלל כאשר הודענו בתחלה
בסוד השערים הראשונים, אמנם כי משם והלאה הוא הת־
חלת כל ההויות מסוד הנקודה הנעלמה האויר הנתפס והוא
התחלת המשכת ענין סוד שם המיוחד הנעלה ומרומם על
כל ברכה ותהלה, והוא סוד אות י' שהוא אויר סוד הנקודה
הנעלמה התחלת כל ההתחלות, וגם אשר אמרו כי בראשית

---

35. En el margen ha sido añadido אשרבה

נמי מאמר הוא, על כל פנים הוא סוד הכוונה אשר התעו־
ררנו בהיות למעלה מן האויר סוד נעלם ונסתר אשר התעו־
ררנו בתחלה, אמנם כי סוד הנסתר הזה הוא, אם אין להרהר
בסוד הנעלם האויר הזך שאינו נתפס כל שכן וכל שכן בדבר
אחר שהוא נעלם ונסתר יותר, ואמנם כי מסוד ההתחלה הק־
דומה סוד הנקודה אשר הזכרנו שהוא התחלת כל ההתח־
לות להמשך מסודו כל ההויות וכל ההמשכות למטה בסוד
המציאות, על כל פנים נמשך בסוד זה ההמשכה האמיתית
היוצאת מאין[36] והוא אות י סוד נקודה אחת כי סוד כל ההת־
חלות אינו אלא נקודה אחת, ועל כן אות י סוד נקודה אחת
כאשר התעוררנו בתחלה, ואמנם כי סוד ענין זה הוא סוד
ההמשכה האמיתית אשר התעוררנו בהיות אות י נקודה נע־
למה סוד המחשבה הנסתרת, אמנם כי ענין סוד זו הנקודה
המחשבית הוא כלל כל המציאות מעלה ומטה, ומה נחמד
הענין להשכיל[37] בסוד אות י התחלת כל הדברים ואין התח־
לה זולתי נקודה אחת כאשר התעוררנו כי אין שום בנין זולתי
מתוך נקודה אחת וזהו אות י ועל כן תוכל להבין כי אין אות י
נמצאת בסוד האותיות זולתי לסוף תשע אותיות והיא העשי־
רית קדש כלל כולם וגם כי יש מפרשים האומרים ומתעוררים
בסוד א שהיא מורה על סוד האין הנסתר והנעלם יש לומר כי
כבר ידענו ומסורת הוא בידינו שבסוד האין האויר הזך והנ־
עלם אין שום רעיון ומחשבה שיכיל בו ויהרהר בחקירתו ואין
בו שום רושם כלל, ואיך יוכלו לומר כי רבוי רושם האות הזה
ישנו בו להיות בסוד המעלה הזאת, כי האויר הנתפס כבר
ידענו כי אינו זולתי נקודה אחת ואין פחות שום דבר מנקו־

---

36. M.S. צניי.
37. Léase להשכיל.

דה אחת כי סוד נקודה אחת היא האות שהיא הקטנה בכל
האותיות, אמנם כי אות א הוא רושם גדול עד מאד ואינו נכון
להיות בסוד האין, וכבר ראינו כי סוד התחלת כל ההתחלות
אינו אלא אותה הנקודה, על כן אינו נכון להיות האלף סוד
האויר הזך

IV. (B.M. MS. Add. 27.044, folio. 79 b -81 a.)

כבר התעוררנו בענין סוד סתרי הייחוד בפרשיות קרית שמע,
וגם אשר התעוררנו ואמרנו בתחלה בסוד הייחוד, אבל בע־
נין הידיעה לדעת כי סוד המדרגות כולן וזו המדרגה נראית
שאינה כמדרגה הזאת, על כל פנים יש לדעת היאך כל המ־
דרגות ענין אחד וסבה אחת ואע"פ שיש לדעת אם הספי־
רות הן נבראות ואם לאו, כי אם תאמר שהן נבראות היאך
יש להאמין קיום אמונתנו בדבר נברא, ואם תאמר שאין
נבראות היאך אתה אומר שנדע או נשיג ונחקור אחר דבר
שאינו נברא, והיאך נוכל לדעת שום ידיעה או שום השגה
בעולם בדבר שאינו נברא, יש לדעת ולחקור כי הוא יתברך
שמו אין בו שום צד מכל הדברים שיוכל הפה להשיב והמח־
שבה להשיג, ומפני כי אין בו שום צד מכל זה אין מי שיוכל
להשיג בו או לדעת שום ידיעה בעולם, אבל מתוך הידיעה
הנכונה ניכר סוד מעלתו יתברך שמו מתוך מדותיו, כי ידענו
על כל פנים כי מרוב העלמתו בלא שום חקירה כלל המציא
סוד מציאותו ממנו והמציא סוד אור זוהר אמיתי ממנו כפי
סוד נקודה אחת והיא עלומה ונסתרת, אמנם כי אותה הנקו־
דה נתפשטה ונמשכה ומאותו ההתפשטות נתהווה אור זוהר

אספקלריא אחרת, ואותו פשיטות ההמשכה וההויה המתפ־
שט נקרא בריאה, וזהו במעשה בראשית יהי כלומר יתפשט
ההויה הראשונה, וחס ושלום שתהא בריאה חדשה כשאר
הנבראים אלא אותו התפשטות והמשכת ההויה מהסבה
הראשונה היא הבריאה ממש ולא בענין אחר, ומתוך כך יש
לנו חלק באלהי ישראל וידענו והכרנו קצת אמתת ייחודו[38]
הנאה והעליון יתברך שמו, ועל כן תוכל לדעת כי בכל מעשה
בראשית בכל יום ויום לא תמצא סוד ההויה אשר בו אלא
בלשון יהי יהי, וכבר רמזנו כי סודו התפשטות[39] הצורה מסוד
המחשבה העליונה אשר היא הסבה הראשונה, ועל כן סוד
ההויות[40] כלן בין במעשה בראשית בין במעשה מרכבה, הכל
הוא סוד ענין התפשטות המציאות, ודי לך ברמז דבר במה
שרמזנו בזה. ונחזור למה שהיינו בביאורו בענין סוד הייחוד
לדעת כי הכל אחד, וגם כי מזה הדרך תוכל להבין העיקר:
ועתה התבונן והבן העיקר האמיתי כי סוד הייחוד הזה יש
לדעת ולחקור, ועתה שמע ודע לך, המחשבה היא עלומה ונ־
סתרת ומרוב העלמתה אין מי שיוכל להשיג בה שום השגה
בעולם ולא לדעת ממנה שום ידיעה, נתפשטה המחש־
בה ובאה עד המקום אשר הרוח יוצא ממנו ונתקשרה שם,
ובהיותה מתפשטת עד המקום ההוא אזי האדם בא להתבונן
שום הבנה, לא שידע ידיעה ברורה אלא יבוא האדם להתבונן
שום רמז או שמץ קצת הבנה, ועל כן נקראת אותו ההתפש־
טות בינה:
עוד נמשך המעין ונתפשטה אותה המחשבה להגלות מתוך
אותו המקום שנקרא בו בינה והוצרכה להוציא קול כלול

---

38. MS. ייחרו.

39. MS. תתפשט.

40. MS. ההיות.

44

בשלשה דברים מאש ומים ורוח ונעשה ממנו הקול הנשמע
לחוץ כבר בא[41] האדם לדעת ולהשגיח ולהתעורר במחשבתו
על אותז הקול, ואע"פ שאין הדבר ידוע כי הקול כלל:
עוד נמשך המעין ונעשה אצל הקול דבור שהוא מתנועע
באותו הקול להשלים העניין, וכאשר תסתכל בחכמה תמצא
מראש המחשבה הקדומה עד סוף המחשבה שהוא הדבור כי
הכל אחד ואין שם שום פירוד בעולם כי היא היא המחשבה
אשר התעוררנו והיא היא ואין תמצא דבר אחר זולתי בה־
תפשטה והמשכה עד סוף המחשבה והכל אחד ודי לך ברמז
זה לדעת כי הוא אחד בייחודו[42] בלא שום פירוד כלל בעולם
והכל נכון למבין וה' ירצנו ויורנו דרכיו הישרים:

---

41. Léase נא.

42. MS. בייחרו.

V. (B.M. MS. Add. 27.044, fol. 87 b sqq.)

שער עשרה שמות שאינם נמחקין:

והם יסודי העלמות במחלקותם וסודותם כפי סוד הדרך
האמיתי, ואמנם כי דרך המעלות כבר התעוררנו בהם להורות
כי המדרגות הללו הן הן סודו של הב"ה והמה כלולות בו
והוא בהם ואין שם שום פירוד לעולם כשלהבת הקשורה בג־
חלת, וכבר התעוררנו בסוד ענין זה במחלקות המעלות, ועכ־
שיו הנני נכנס בביאורם בע"ה:

השם הראשון אהיה הוא סוד השם המיוחד והוא השם האח־
דות המיוחד בכלל שמותיו, אמנם כי סוד האויר הזך שאינו
נתפס כבר התעוררנו כי אין לו שם ידוע ולא גבול מוגבל ולא
שום דבר שיוכל האדם לתפוס בו, ואמנם כי ההויה הראשונה
הנתהווה מסודו הוא כלל כל האחדות בסוד הנקודה המחש־
בית אשר אין מי שיודע שום דבר בסודה עד שנתמשך המ־
עין להבנות, ובכן סוד השם המיוחד שלו הוא אהיה כלומר
עדיין אהיה ואמשיך סוד ההויה בסוד מציאותי, כלומר אהיה
ואבנה מציאותי ואמשיך המשכת ההויה להמצא, ואמנם כי
זהו סוד השם הראשון שנאמר לו למשה בסנה בסוד התח־
לת נבואתו של משה ע"ה, ואמנם כי לפיכך נתהווה ההמש־
כה הראשונה בסוד שם זה, ומיד מפני כי משה עדיין לא חלה
עליו המשכת הנבואה לא נחה דעתו עד שנתגלה אליו סוד
ההויה וסוד השם המיוחד יהוה ואמנם כי זהו ששאל ואמר
והן לא יאמינו לי השם המיוחד בהויתיו עד שמשך דבריו
והודיעוהו סוד יהוה:

ונחזור למה שהיינו בביאורו, יש אומרים כי סוד שם זה נאמר
בדבר הסתום והנעלם ומורה על דבר שאינו נגלה בשום צד
וזהו אהיה, ואמנם כי סוד השם הזה הוא השם הראשון בסוד

שמותיו של הב"ה, וגם אמנם כי סוד שמותיו של מקום ב"ה אותם המיוחדים הם עשרה שמות, והם עשרה שאינם נמ־חקים, ואע"פ כי הרבה שמות יש לו להב"ה ואמנם כי סוד שמותיו אמרו ז"ל שבעים שמות יש לו להב"ה ושבעים שמות יש לה לכנסת ישראל, וכולם ידועים בדברי רז"ל ומפוזרים בתורה בנביאים ובכתובים, ועכשיו העשרה שמות המיוחדים בסוד מעלתם והם הם שמותיו המיוחדים בסוד מעלתם יותר משאר כל השמות הנקרא בהם הב"ה, ועל כן אלו הם הש־מות שאינם נמחקים ואע"פ ששאר השמות כולם כנויים, ואמנם כי סוד השם הראשון נסתר ונעלה בלי שום נגלה, ועל כן הוא סוד אהיה, הוא שם עומד בהויתו[43] בסוד עומק נסתר עד בוא סוד החכמה אשר משם התפשטות הכל, ועל כן אמר לאחר כן אשר אהיה, המזומן להגלות כאשר פירשנו: סוד השם השני והוא יה, זהו עיקר גדול בהיות החכמה הת־חלת השם היוצא מסוד האויר הזך והוא הוא המזומן להג־לות בסוד אשר אהיה, ואמרו אהיה הוא שם שלא נודע ולא נגלה, אשר אהיה, ואמנם כי סוד החכמה היא הכוללת שתי האותיות יו"ד ה"א, ועל כל פנים כי זהו התפשטות השם המיוחד והוא סוד השם התחלת המציאות, כי על כל פנים סוד יה הוא חצי השם, ועם כל זה הוא שלימות הכל בהיותו כלל כל המציאות כלל כל ההויות, כי לעולם תופסת האותיות האחרות מן השם,[44] השם הוא הכלל הגדול האמיתי בסוד השם המיוחד, כי בהתפשט המשכת שם זה אזי נתוספו אותיות אחרות ונתהוים בסוד אלו כפי עיקר המציאות:

---

43. MS. בהויתי.

44. השם está repetido en el manuscrito.

סוד השם השלישי הנקרא אלוה, יש לך לדעת כי בהיות השם
המיוחד יה שהוא הכלול באויר הנתפס בסוד החכמה בהיותו
נתפס בבינה, על כל פנים הבינה כוללת שם אחד והוא שמו
יתברך ובו נכללות שתי אותיות היוצאת משם שהן ו"ה ונ־
כללות שתי אותיות לו בסוד א"ל ונעשה מהכל שם אלוה,
ועל כל פנים כי סוד הנשמה נתכנית בשם זה כאמרו מנש־
מת אלוה כי היא כח סוד הנשמה אע"פ שהנהר היוצא מעדן
משם פורחות הנשמות, על כל פנים אין העיקר והשורש אלא
מלמעלה, ואמנם כי השם המיוחד בבינה הוא אלהים חיים כי
הוא אלהים חיים ומלך עולם כי הוא המלך העליון רם על כל
רמים וזהו אלהים חיים כאשר אמרנו:
סוד השם הרביעי הוא סוד השם המיוחד בסוד ארבע
האותיות שהוא התפשטות השלם בסוד השם המיוחד הנגלה
מתוך הנסתר והוא סוד יהוה שהוא השם המיוחד יתד שהכל
תלוי בו והוא כלל הכל כי הוא אוחז מעלה ומטה, ובו סוד כל
ההויות בסוד מציאותו יתברך שמו והוא תשלום כל ההויות
בסודו ועניינו והוא השם המורה בייחודו יתברך שמו יותר
מכל שאר השמות כפי אשר אמרנו בסוד אותיותיו:
סוד השם החמישי הוא השם הנקרא אל, וגם כי שם זה הוא
נקרא בכל מדה ומדה ובכל מדרגה ומדרגה, ואמנם כי בכל
מקום סוד שם אל נכלל בין לימין בין לשמאל, ואמנם כי אפי'
לשמאל באמרו אל זועם בכל יום, וכן לימין כאשר תמצא
האל הגדול והוא סוד הימין כאשר הודענו בתחלה, ושם זה
לצדיקים ולרשעים כאמרו ארך אפים ואפי' לרשעים:

סוד השם הששי הוא נקרא אלהים, והוא סוד מדת הדין בכל
מקום, וכבר רמזנו בסודו[45] ועניינו כי הוא מדת הדין בכל
מקום והוא צד שמאל גבורת ה', הוא וכבר רמזנו בו ודי:
סוד השם השביעי הוא הנקרא אלהי ישראל, והוא שם מיוחד
מעוטר ומוכתר בשם זה בסוד ענין גדול נכון המובן בסוד ימין
ושמאל, ואמנם כי אע"פ שהנביאים נבאו יש מפרשים ואומ־
רים בסוד זה שם אחר, אבל אמרו בסוד אמרו אשר נקרא
שם, שם ה' צבאות אלהי ישראל, ה' צבאות מאן איהו צדי־
קו של עולם שכל צבאות קדש משם יוצאים אלהי ישראל
תרין סמכין דביתא קיימא עלייהו, וזהו נכון למוצאי דעת, וגם
אשר ראיתי מפרשים האומרים בסוד זה שמות אחרים מו־
כנים במדרגות, אבל זה הענין הוא סוד רז"ל, ודי בזה הרמז
למבין:
סוד השם השמיני הוא הנקרא צבאות על כי הוא כולל כל
צבאות מעלה ומטה בסוד השם כי הוא אות בצבא שלו,
כי תמצא השמש הוא כולל כל הכוכבים המאירים ושאינם
מאירים כי כל צבאות הכוכבים כולם נכללים בסוד השמש,
והוא אות בכל צבא שלו, והשם הוא צבא אות[46] הוא בצבא
שלו בסוד ברית הקדש, ושם זה מיוחד הוא אצלו וזה שדרש
ר' עקיבא ה' צבאות שמו אות הוא בצבא שלו, והוא עיקר
גדול וסוד יתד התקועה בכל צבאות מעלה ומטה, ועל כן הכל
וצריך לרוממהו[47] כי ה' צבאות שמו:
סוד השם התשיעי אדני על כי הוא אדון כל הארץ וכל האד־
נות שלו הוא, וזהו סוד אמרו הנה ארון הברית אדון כל
הארץ ואמנם כי כבר התעוררנו על שם זה בהיות סוד העולם

---

45. MS. בסוד.

46. אות está repetido en el manuscrito.

47. Leer לרוממהו.

של מטה אדון כל הארץ, וכבר אמרו ז"ל בענין אמרו ועתה
אלהינו שמע אל תפלת עבדך ואל תחנוניו והאר פניך על מק־
דשך השמם למען אדני, והם ז"ל התעוררו בגמרא ברכות
ואמרו למען אברהם שקראך אדני, וכבר ידעת ענין אברהם
וסוד האדון, ואמרו במדרש משל למלך[48] שהיה לו מטרוני־
תא ופלטרין שלה נפלו, לימים בא שושבינה דמטרוניתא אמר
למלך אדוני בנה פלטרין אלו[49] שנפלו בשביל מטרוניתא שלא
תשב לחוץ, תגלה חוץ ממקומה וזהו והאר פניך על מקדשך
השמם למען אדני, וזהו וישב משה אל אדני ויאמר אדני למה
הרעות, ואמרו בו משה דאיהו מארי דביתא אמר כן מה דאי
איפשר לאחרא, ועל כן שם זה עלה בשם אדנות:
סוד השם העשירי והוא שם שדי, ואמנם כי תשעה שמותיהם
בהיות התשעה עיקר, וגם אמנם כי סוד האויר הזך שאינו
ותפס הוא אינו נכלל בהם ואע"פ שאמרו הוא, והתבונן כי
שם זה שדי יש מפרשים שהם אומרים על שהיא שודד והוא
סוד מדת הדין, על כל פנים כבר אמרו שדי שאמר לעולם די,
והוא סוד אמרו ואל שדי יתן לכם רחמים, וכן אני אל שדי
פרה ורבה, אמנם כי קרוב אליך הדבר בהיות הענין בסוד
מדת הדין של מטה והוא הקשור באות ברית קדש, ואמ־
נם כי בזה הוא תלוי הפריה ורביה כאמרו אני אל שדי פרה
ורבה, ולא נאמר דבר זה לאברהם זולתי בהמלו בשר ערלתו,
ובכן בא אליו המאמר ההוא ואמר לו אני אל שדי פרה ורבה,
והנה על כל פנים אין פרי זולתי הברית, ואין פרי זולתי בנק־
בה והכל נקשר זה בזה ואין ביניהם פירוד לעולם, ועל כן אין
להפרידם, והנה יש לך לדעת להתבונן על השם אשר אמר־

---

48. Por למלך.

49. Ver MS.

נו צבאות כי הוא האות והברית, אות בכל צבא שלו, ומשם
יוצאים כל צבא רום מעלה ומטה כענין השמש שהוא אות
בכל צבא הכוכבים האחרים, על כי אין כוכב מאיר ככוכב
השמש, והוא דגול מכל הרבבות שלו, על כן אל שדי בחבור
הירח בשמש לעשות פרי למינו, והוא סוד אמרו אני אל שדי
פרה ורבה ואל שדי יתן לכם רחמים כי אזי כל טוב נמצא
בעולם, והחסד והרחמים נמשכים מעם מעלה והעולמות
כולם מתברכים והברכות משפיעים לכל, עד כאן סוד עשרה
שמות המיוחדים בסודותם:

שאל השואל, כבר התעוררת ואמרת בסוד הייחוד ואמרת
בסוד ה' אלהינו ה' והתעוררת סוד ייחודו יתברך שמו בענין
שלשה שמות הללו, וכן סוד קדושתו בסוד שלש קדושות,
קדוש קדוש קדוש, אם כן טוב ונאה היתה ראויה סוד המע-
לה וסוד הידיעה להיות מורה ייחודו בדבר נשלל, יחידי ולומר
ה' אחד לבד כענין סוד אמרו יהי ה' אחד וזה טוב ונאה, וכן
קדוש ה' צבאות ולמה כל זה הדבר שלשה פעמים, הלא זה
דבר שהדעות נבוכות, וגם כי האמת אינה נעדרת מהדברים
אשר התעוררת עדיין הלב אינו מתישב ואינו יכול להשתכח
והאדם המבין ירא וזוחל פן יחטא בלשונו, ועל כן ישמור לפיו
מחסום, ועוד כמו שאתה אומר אם תברר דבריך לומר שהוא
כן למה הספירות עשרה ואינם שלשה כפי סוד הייחוד שהוא
בשלשה, על כל הדברים האלה הרעיונים נבוכים והלבבות
אינם ביישובן, וצריך עיון ותשובה על כל פנים כי הספירות
ראוי להן להיות שלש למה עשר ולא תשע ולא אחת עשרה
ולא שלש, עד כאן שאלת השואל:

תשובה השם עמך גבור החיל בהיותך שואל תוקף השאלה
הזאת ועוצם ענין אשר הוא נכון למשכיל, וגם אמנם כי הנני
עוזר אותך בסוד הענין הזה, כי גם אמנם איש אין בארץ יש-

ראל ששאל שאלה הזאת, וגם הוא לא הגיד וגם אנכי לא
שמעתי בלתי היום, כי כאשר אמרת שצריך האדם לשמור
פיו ולשונו ורעיוניו מלהרהר פן יהרוס בניינו ועניַן רעיוניו
יבהלוהו, ועל כן אמר חכם הרזים ע"ה אל תתן את פיך לח־
טיא את בשרך, ועתה הנני משיבך אמרים והבן לך, תדע לך
כי סוד הענִיינים האלה אשר שאלת הם דברים עמוקים כאשר
אמרנו והודענו, אמנם כי יש לחזור על קצת הענִיינים אשר
התעוררנו בתחלה:

סוד הייחוד אשר אמרנו בהיות סוד המציאות אחד והמ־
שכת אמיתתו יתברך שמו הוא אחד בלי שום דבר דברים,
וכבר אמרנו כי מהתחלת סוד הנקודה העליונה המחשבית
עד סוף המחשבה שהוא אחד והיא היא המחשבה הקדומה,
אמנם כי בסוד עומק השאלה הזאת אשר שאלת יש לדעת
כי ה' אלהינו ה' סוד שלשה דברים והאיך הם אחד, כבר אמ־
רנו בסוד קול היוצא מן השופר הכלול מסוד שלשה דברים
אש ורוח ומים ומתחברים כאחד ונעשה מהם קול, וזהו ראיה
בהיות השלשה דברים סוד אחד, אמנם כי שאלתך מפני מה
צורך שלשה דברים ולא אחד להיות הוא יתברך שמו אחד
בלא שום רבוי, יש לך לדעת כי סוד השלשה דברים שאתה
שואל ואמרנו התעוררנו בסודו הוא אחד ואינו שלשה ענִיינים
זולתי מצד עצמינו, כי תמצא שהוא יתברך שמו ברא שלשה
עולמות שעלו במחשבה, ואע"פ כי הרבה עולמות הם שברא
והם אחרים גנוזים, אבל אלו השלשה הם עולם העליון ועו־
לם האמצעי ועולם התחתון, אמנם כי העולמות מתקשרים
זה בזה וזה בזה והוא יתברך שמו המשיך אמיתת מציאותו
בהם, וסוד המחשבה ההיא מציאות אחד והיה אחד, וכפי
ירידת העולמות וגרעון מעלתם זה מזה הכי מתפשט אור
זוהר אמיתת מציאותו, ואע"פ שהוא אור אחד בכל העול־

מות וסוד מציאות אחד, אמנם בהעדר מעלת בנין זה העו־
לם מעולם של מעלה ממנו הכי נעדר האור הבהיר המתפשט
מהמשכת אמיתת המחשבה העליונה, והראיה בזה כי תמצא
אור הנר בהיות בו תקון הפתילה גסה ונתקנת האור הוא גדול
ורב ומאיר עד מאד בהדלקת אור מתנוצץ, וכשתעביר זאת
הפתילה ותשים פתילה קטנה ודקה אחרת במקומה הרי כי
האור ההוא מועט ואין מאיר כאור הראשון וגם כי הוא האור
הראשון, זולתי במצוא האור ההוא עולם קטן כלומר פתי־
לה קטנה ודקה יותר מן הראשונה ואין שם עולם להתפשט
ולהמשיך, ועל כן נראה שיש בו שנוי בשום כלל בעולם
מהאור הראשון, זולתי לפי מציאות הוית העולם ההוא וב־
גרם מעלות ירידת העולמות תמצא גרעון האור ההוא, ועם
כל זה הוא הוא האור הראשון המתפשט בכולם, ולפיכך יש
שמות באור משונים זו מזו, והכל אחד ואין לך בכאן שום
חסד כי הכל אחד, ועל כן תמצא בסוד קדוש קדוש קדוש
שאמר יונתן בן עוזיאל ותרגם הכי קדיש בשמי מרומא בית
שכינתיה קדיש על ארעא עובד גבורתיה קדיש לעלם ולעלמי
עלמיא כי המשכת הקדושה הוא בכל העולמות לפי ירידתם
ומעלתם, ואמנם כי הקדושה אחת ועל דרך זה אין לתמוה
ואין הרעיונים נבוכים בכך, ועל אשר אמרת שהספירות למה
הן עשר ולא שלש ולא יותר כפי אשר התעוררת כבר הודע־
נו בעניינים, אמנם כי כולן נכללות בסוד שלש להיות הייחוד
מיוחד, ועל כן אמרו ז"ל בעשרה מאמרות נברא העולם ובש־
לשה כללן והן חכמה ובינה ודעת להיות סוד המציאות אחד
חכמה בשלש בינה, בשלש דעת בשלש, הרי לך תשע, ואחד
המתפשט בכולם הרי עשרה, כי סוד האחד עליון על כולם
והמאיר בכולם, ועל כן כל אחת מאלו שלש כלולה בשלש

להיות הכל בסוד אחד, והבן ואין להאריך בזה כי הדבר מתו־
קן ונכון למוצאי דעת:
ואמנם כי סוד חכמה ובינה ודעת הם כלל כל הספירות, כלל
כל הייחוד בסוד אמיתתו, והם סוד השם יהו שם המיוחד
שהוא אחד, ואמנם כי חכמה ותבונה ודעת הוא כמו כן סוד
האלהות וסוד המציאות, וכבר אמרו בספרא דרב המנונה
סבא, ה' אלהינו ה' סוד השלש מדרגות הללו שהן סוד חכמה
ובינה ודעת, כי השם הראשון הוא בחכמה שהוא התחלת כל
המציאות מתחלה ועד סוף והוא סוד השם הראשון, אלהינו
בבינה, כי שם סוד אלהותו יתברך כליל ומעוטר ומוכתר
ומשם יוצאות כל ההויות למיניהם, ועל כן המדרגה הזאת
סוד אלהינו, יהוה סוד הדעת כלל סוד ההתפשטות וההמשכת
האמיתות בסודו להתישב המציאות בסוד המדרגות הללו,
כי הדעת כלל כל שבע קצוות למטה, ועל כן[50] השם האח־
רון הוא סבת הדעת בכל המדרגות של מטה, ואמנם כי סוד
האחדות וסוד ההויה האמיתית בשלש מדרגות הללו נמצאת,
ועל כן הספירות הן עשר בסוד מציאותו יתברך, ואמנם עשר
הן שש קצוות המתיחדים באחדותם[51] בסוד תקון אדם, הע־
למתו הוא המקיים הכל והמעמיד אותו, והוא כלל הכל והבן
ואין להאריך יותר. והשלש מדרגות העליונות הן סוד החכמה
והבינה המתהוים על הראש בסוד תקונו, וסוד הנעלם והנ־
סתר ברוב העלמתו הוא המקיים הכל והמעמיד אותו, והוא
כלל הכל והבן ואין להאריך יותר: ברוך יה לעולם אמן ואמן..
ועוד כי האותיות כולן יוצאות

---

50. Está repetido en el manuscrito.
51. MS originalmente באחורתם.

TRADUCCIONES[1]

I

La primera parte de este trabajo tiene por objeto la transmisión de conocimiento y la comprensión de la cuestión de la que se habla en el comienzo de este tratado. Porque a Él, bendito sea, nadie lo puede comprender, o conocer, o meditar sobre Él, o hacerlo un objeto de pensamiento. Todo lo que nos es posible es comprender algo de los modos en los que se manifiesta, es decir, algunos de los atributos por medio de los cuales Él creó los mundos. Comencemos con el claro testimonio contenido en el primer versículo de la *Torah*, a saber, la palabra בראשית («En el principio»). Los antiguos maestros[2] nos han instruido acerca del misterio que se oculta en el atributo más alto, a saber, el puro e impalpable éter, siendo éste un atributo más exaltado y más profundamente oculto que todos los demás atributos que están

---

1. Como ya se ha mencionado (ver p. 19), los ejemplos que se dan aquí son muy discutibles, y a menudo equivalen a una paráfrasis en lugar de una traducción.

2. Las fuentes de Moisés de León no necesitan, por supuesto, ser más que el *Sefer Yetzirah* referido más adelante y los diversos cabalistas que basaban sus enseñanzas en ese trabajo.

debajo de él. Este atributo es también la suma total de todas las manifestaciones.[3] A través de él procedieron por el misterio del «punto»,[4] que es en sí mismo un atributo oculto, teniendo en cuenta que surgió del misterio del éter puro y oculto. Y como de él proceden, así también a él vuelven. Siendo el atributo primario absolutamente oculto, no puede ser aprehendido de cualquier manera. Pero en cuanto al misterio del «punto» exaltado, aunque también es profundamente oculto, puede ser aprehendido en el misterio del «santuario interior», como lo haremos nosotros, con la ayuda de Dios, explica.

Y ciertamente, el misterio de la Corona más elevada,[5] que es idéntico al misterio del éter puro e impalpable, es la causa de todas las otras causas y el origen de todos los orígenes. Es por esta razón por lo que nuestros maestros, bendita sea su memoria, han dicho con respecto a las «diez declaraciones» por medio de las cuales el mun-

---

3. El término אספקלריא, derivado como es de *specularis*, scil. lapislázuli (un tipo de piedra transparente) se presta bien a la idea de «manifestaciones» o «fenómenos», aunque éste no sea su sentido habitual. Estos אספקלריאות son aquí idénticos a las Sefirot o «Emanaciones», que nacen en כתר o éter.

4. *Véase* lo que hemos dicho en la primera parte a propósito de la semejanza de la doctrina del «punto» con la teoría piknótica de la materia.

5. Debe explicarse aquí que Moisés de León identifica el éter con la primera Sefirah (כתר), el «punto» (o primera concentración de sustancia) sería según este sistema la segunda Sefirah (חכמה, «sabiduría» = מחשבה «pensamiento») y la tercera Sefirah (בינה «entendimiento») se llama «el misterio del santuario interior» por medio de que la segunda Sefirah puede ser comprendida. La primera Sefirah en sí misma permanece absolutamente oculta a la comprensión.

do fue creado, que la palabra בראשית («En el principio») fue la primera de estas declaraciones, es decir, la que se encuentra en la base de la todas ellas; de lo contrario, el número de expresiones registradas sólo serían nueve.[6] Hay, de hecho, aquellos que explican la dificultad bajando al nivel más bajo.[7] Pero aquellos que han sido iniciados en la «sabiduría oculta»[8] saben que la verdadera explicación se encuentra en בראשית, a saber, la causa suprema, la causa de las causas y el origen de los orígenes. Es en este misterio, el origen invisible de todas las cosas, donde surge el «punto» oculto, del cual procede toda existencia. Por esta razón fue dicho por el autor del *Sefer Yetzirah*: ¿Y antes de uno qué cuentas? Es decir, antes de un «punto», ¿qué hay para contar o comprender?[9] Antes de este «punto» no hay nada excepto *ein* (אין), a saber, el misterio del el éter puro e impalpable. Se llama así porque nadie puede aprehenderlo. Si alguien preguntara, «¿debería haber presente que se pueda pensar?» la respuesta sería ser un *ein* («no hay nada»). Él mismo, bendito sea, siendo tan exaltado como para existir únicamente en el misterio de su existencia, el comienzo de su existencia palpable se encuentra en el mis-

---

6. Véase אבות, V, I; ראש השנה fol. 32 a; מגלה fol.21 b.

7. En los *Pirkei de Rabbí Eliezer*, III, la décima pronunciación o מאמר se explica por que es Génesis 2:18 (ויאמר אלהים לא טוב היות האדם לבדו). Esta explicación en el estilo de Moisés de León (מורד המדרגה התחתונה «bajando al escalón más bajo», es decir a un acto de creación mucho más tardío).

8. En el texto חן = חכמה נסתרה, una manera de denominar a la cábala.

9. Véase *Sefer Yetzirah* I-7 (ed. Mantua, 1562).

terio del «punto más alto». De él proceden todas las cosas existentes, junto con todas las causas implícitas contenidas en el misterio de su ser, bendito sea. No hay existencia palpable alguna, ya sea arriba o abajo, que no proceda del misterio del único «punto». Y en verdad, porque este «punto», principio de todas las cosas, es denominado «pensamiento» (מחשבה). Porque el pensamiento está basado en algo oculto. Es por medio del pensamiento como vienen a la existencia todas las cosas, arriba y abajo en el misterio del pensamiento creativo que es idéntico a aquel del «punto oculto». Es en el «santuario interior» (es decir, la Sefirah בינה «entendimiento») donde el misterio conectado con el «punto» oculto puede ser aprehendido, pues el puro e impalpable éter nunca puede ser aprehendido. Y este «punto» o pensamiento creativo es el éter que se hace palpable en el misterio del «santuario interior», el «Sancta Sanctorum». Todo aquel que busque al Señor se acercará a la puerta del santuario, y entonces adquirirá entendimiento (בינה). Todas las cosas, sin excepción, fueron concebidas por primera vez en el pensamiento (מחשבה). Y si alguien dijera: «He aquí, hay algo nuevo en el mundo» decidle que se calle; porque había sido concebido previamente en el pensamiento.

De este «punto» oculto procede el *Eijal* sagrado interior (el «santuario interior» = בינה, «entendimiento»).

Éste es el «Sancta Sanctorum», el quincuagésimo año.[10] Es también llamada la voz sutil más interna, que procede del pensamiento. Todas las existencias y todas las causas proceden de allí por el poder del punto más alto. Mucho más en lo referente al misterio de las tres sefirot superiores más elevadas (es decir, כתר, Corona = el éter; el «punto» = חכמה, Sabiduría = מחשבה, pensamiento; בינה entendimiento = el santuario interior).

II

Las diez sefirot son *Belimah*. Son denominadas *Belimah* a causa de la orden: «Cierra la boca para no hablar, y tus pensamientos para no reflexionar».[11] Pues se trata de asuntos antiguos y ocultos, y dentro de ellos se halla el misterio del Carro excelso que aun aquellos que han alcanzado el conocimiento no pueden comprender.

La Corona suprema (כתר עליון) es el misterio del atributo más elevado y oculto, y está grabado en el misterio de la fe verdadera. Es lo mismo que el puro e impalpable éter, como hemos explicado; y es también la suma total

---

10. La idea del año jubilar se presenta aquí como significando un período o etapa en el proceso de desarrollo del cosmos a partir del *Ein Sof*. El término שמטה también se encuentra a menudo en la Cábala.

11. Moisés de León aceptó así la explicación errónea de בלימה en contra de la etimología correcta de בלי: y מה, es decir, «sin nada», algo que para nosotros, en todo caso, es inexistente.

de toda la existencia. Todos los pensadores se han agotado en sus investigaciones, y no tenemos ninguna intención de reflexionar aquí sobre ello. También se le llama el misterio del *Ein Sof* (el «Infinito»), porque es la causa primigenia de la suma de todas las cosas. En él se han partido los sesos todos los sabios (es decir, los filósofos). Es necesario darse cuenta y entender que Él, bendito sea, escapa de todo pensamiento,[12] porque ninguna mente puede comprenderlo. Y en verdad, es por esto por lo que se le llama *Ein* (אין). Éste es el misterio del dicho bíblico: «Y en *Ein* es encontrada la sabiduría». Todo esto está totalmente escondido, así que para que nadie sepa nada al respecto, se llama *Ein*, es decir, no hay nadie que tenga conocimiento de *Ein*. Que el alma sirva de ilustración. El alma inteligente del hombre, que participa de la naturaleza del *Ein* (según está escrito: «Y la ventaja del hombre sobre la bestia es *Ein*»), no puede ser vista o aprehendida por nadie. Esto es sólo porque aquello por lo que el hombre se eleva por encima de todas otras cosas creadas se halla en la maravillosa naturaleza de *Ein*. Ahora bien, si el alma elude ser aprehendida, ¡cuánto más el *Ein* en sí mismo, la poderosa y oculta fuente del alma! Y entiende, para que un aliento

---

12. כל המחשבות debe traducirse como «la negación de todo pensamiento». Comparar la explicación de אין dada en el primer extracto. Allí el término se aplicó al objeto (el éter), pero aquí al sujeto (la mente contemplativa). Éste es un claro ejemplo de cómo manejar las Escrituras astutamente.

pueda pasar por encima de la cabeza del hombre, lo que causa un aleteo de alegría en su corazón y en su mente; y sin embargo, él no puede saber lo que es, ni por qué ha llegado. Y éste es un buen ejemplo de aquello que es impalpable. Así también, cuando este atributo (a saber, la Corona = el éter) se agita centelleando, el resplandor[13] se imparte a todas las cosas; pero en sí mismo no puede ser aprehendido de ninguna manera por parte de aquellos que no entienden, y no pueden alcanzar ningún conocimiento al respecto. Es a causa de su maravillosa excelencia que ningún nombre puede expresarlo; pero es expresado mediante las otras Coronas ocultas, aunque ellas mismas no son del todo comprensibles, ya que la mente inteligente está habilitada para acercarse a la idea de ello.

---

13. זוהר והתנוצצות, lit. «brillo y destellos». Estos términos podrían haberse utilizado, tal como lo fueron, si el autor hubiera tenido conocimiento de la teoría eléctrica.

III

Por medio de las palabras de la santa *Torah* y de las enseñanzas de nuestros santos maestros de los primeros tiempos el hombre puede comprender e investigar incluso hasta el lugar que está preparado como un asiento para él.[14]

El misterio oculto e interior que no puede ser comprendido es el éter puro y primordial,[15] como ya se ha explicado.[16] Éste (es decir, el «punto primario») es el principio del único nombre divino, que es levantado y exaltado encima de cualquier bendición u alabanza. Es el misterio de la letra י, que es el mismo misterio que el «punto oculto», el principio de los principios. Como ya hemos visto,[17] este בראשית ha de ser contemplado como la primera de las diez locuciones de la creación, de lo que se desprende que hay un nivel más elevado de misterio por encima del éter. Ahora bien, dado que no es posible meditar sobre el misterio oculto del éter, ¿cuánto menos puede ser éste el caso con respecto a ese misterio mayor que es más alto que el éter?[18] La verda-

---

14. Es decir, hasta el כתר = el éter, pero esta sustancia primigenia permanece en sí misma, como se afirma inmediatamente después en el texto, incomprensible.

15. Aquí אויר קדמון se usa para אויר זך שאינו נתפס.

16. Omitido, porque se aparece completo en otra parte; más adelante habrán omisiones similares.

17. *Véase* pág. 852.

18. Porque si *Bereshit*, señalando al éter, fue la primera locución creativa, debe haber habido un misterio más elevado del cual procedió esta locución. Moisés de León

dera procesión inmediata desde el *Ein* es, entonces, la letra י. Hay, en efecto, quienes sostienen que la א apunta al misterio del *Ein* oculto. En respuesta a esto estamos en situación de señalar a la tradición que afirma que el misterio del *Ein*, es decir, el éter puro y oculto, no lo pueden comprender o meditar sobre él ni la mente ni el pensamiento. Además, no lleva ninguna marca distintiva. ¿Cómo, pues, podría sostenerse que esta letra (la א) con sus características fuertemente marcadas, tiene alguna conexión con el misterio de este atributo? Porque incluso el éter hecho palpable consiste, como sabemos, en un solo «punto»; y está claro que no puede ser imaginado nada que sea menos que un punto. Ahora bien, este «punto» se representa con la letra más pequeña de todas, a saber, la letra י; y como la letra י tiene características muy marcadas, no puede ser conectada con el misterio del *Ein*. En otras palabras: como hemos visto que el misterio del principio de los principios es este «punto», y nada más, se deduce que la א no puede significar al misterio del éter puro e impalpable.

---

escribe, sin embargo, a menudo en otras partes de este tratado como si no hubiera nada más alto que el éter primordial. El hecho es que era más un fantasioso que un pensador sistemático.

IV

El misterio de la Unidad
en su secreto profundamente escondido

Ya hemos hablado [19] del gran misterio de la Unidad en relación con el *Keriat Shemá*.[20] También hemos hablado de ello en la parte inicial de la sección que trata sobre el misterio de la Unidad. Todas las esferas de emanación son una; para que una esfera del ser pueda verse distinta de otra, sin embargo, todas son una en sustancia y causalidad. También hemos comentado si las sefirot fueron creadas o no, y en cualquier caso hay una dificultad. Porque si uno las considera como creadas, ¿cómo podría basar en ellas su fe religiosa? Y si afirmara que son increadas, ¿podría saber algo sobre ellas o investigar sus propiedades? El modo correcto de pensar sobre este asunto es el siguiente: Él, bendito sea su nombre, no tiene cualidades que la boca pueda pronunciar o la mente concebir. Sin embargo, se puede obtener algún conocimiento sobre él a través de lo que procede de él. Porque de todos modos sabemos que ha producido el

---

19. La forma התעוור que está aquí, como en cualquier otra parte del *Shekel haKoddesh*, utilizada en el original, es una de las peculiares formas de expresión de Moisés de León, aunque también se encuentra ocasionalmente en obras de otros autores. De su significado literal («ser despertado del sueño») parece derivarse la idea de inspirarse en una línea de pensamiento de gran importancia.

20. Se refiere a una parte no impresa en estos extractos.

misterio de la luz verdadera de las profundidades ocultas de su ser, brillantemente radiante en la forma de un «punto» que, a pesar de estar profundamente oculto, produce otra luz brillante. Es este último lo que se llama «creación» (בריאה),[21] estando indicado en el relato de la creación (בראשית) por el verbo *Yehí* (יהי), es decir: que haya una extensión de la original sustancia existente. Sin embargo, no hemos de imaginar de ninguna manera que esto signifique la creación de algo nuevo. Todo lo que está implícito en ello es la extensión de la existencia desde la causa primera. Por lo tanto, tenemos literalmente una participación en el Dios de Israel,[22] y conocer y reconocer algo suyo gran y exaltada realidad...[23]

---

21. El término «בריאה» utilizado aquí no debe confundirse con el incluido en la abreviatura cabalística אביע (es decir, אצילות, בריאה, יצירה,עשיה); véase L. Ginsberg, *Enciclopedia Judaica*, III, p. 475. Aquí בריאה se aplica a la tercera sefirah a saber בינה, siendo el «punto» חכמה, como se explicará más adelante.

22. Éste es sólo uno de los rasgos claramente panteístas de la obra. El sistema de Moisés de León, como el de la mayoría de los demás cabalistas, puede, de hecho, resumirse en «Todo es Uno y Uno es Todo».

23. Alguna omisión, probablemente una repetición.

V.

FOL. 87 b sqq[24]

El presente capítulo trata de los Nombres que no pueden ser borrados, siendo estos Nombres los fundamentos de los mundos en todas sus variedades y todos sus misterios. Y ciertamente ya hemos explicado que todas las sucesivas esferas son el misterio de Él mismo, bendito sea él, que están contenidas en él y él en ellas, su relación con otro que se asemeja a la llama y la brasa que la emite.

El primer Nombre, que es *Ehieh* (אהיה), es el nombre de la unidad. Como ya hemos explicado, el misterio del éter puro e impalpable no tiene ni un nombre que sea conocido, ni límites, ni nada de lo que el hombre se pueda apoderar. Pero la primera existencia que surgió de este misterio es la unidad omnicomprensiva contenida en el misterio del «punto de pensamiento», que permanece en sí mismo incognoscible hasta su extensión a lo que viene después de él. Ésta es la razón por la que el misterio de este nombre de la unidad es *Ehieh* (אהיה), es decir: «Todavía tengo que ser cuando el misterio de mi existencia se extienda (o desarrolle)...». Éste es, en efec-

---

24. De esta larga sección, por interesante que sea en varios sentidos, sólo ofrecemos una traducción de las partes relativas a los primeros divinos cuatro y décimo además del párrafo introductorio, se dará el resto de la información de las partes que están menos estrechamente conectadas con la doctrina del éter.

to, el misterio del primer nombre que le fue comunicado a Moisés en la zarza al comienzo de su tarea profética... Y eso fue porque Moisés no estaba satisfecho hasta que todo el misterio de la existencia le fue revelado más tarde cuando el misterio del nombre de IHWH le fue comunicado... Y, ciertamente, el misterio de este nombre (es decir, *Ehyeh*) es el primero de los misterios divinos. Porque aunque hay diez nombres especiales de la Deidad, ninguno de los cuales puede ser borrado, y aunque, de hecho, el número total de nombres divinos es, como han dicho nuestros maestros, setenta, a los cuales corresponden los setenta nombres de la asamblea de Israel, sin embargo, el misterio de este nombre es particularmente incognoscible y exaltado sobre todas las cosas. Y sigue estando así escondido hasta que procede de él el misterio de la «sabiduría» de donde se producen todas las cosas. Éste es el significado de la frase *Asher Ehieh* que sigue a *Ehieh*, es decir, «que aún está destinado a ser revelado», como hemos explicado.

El misterio del segundo Nombre, *Iah*, involucra un gran principio, «sabiduría», siendo ésta el principio[25] del nombre que procede del misterio del éter puro. Es aquello que de acuerdo con el misterio de *Asher Ehieh* estaba destinado a ser revelado. Y en verdad el misterio de «sabiduría» comprende las dos letras *Iod* y *He*. Y aun-

---

25. Es decir, parte del nombre completo, que es IHWH, como se explica poco después.

que *Iah* es sólo la mitad del nombre (IHWH), sin embargo, lo hace comprender toda la existencia, la suma de las otras dos letras del nombre indica el misterio de la extensión adicional de acuerdo con el principio de existencia.

En lo que se refiere al misterio del tercer nombre, *Eloha*, es necesario saber que así como el nombre *Iah* del éter se hizo palpable en el misterio de «sabiduría» (la segunda Sefirah, חכמה), así también el «entendimiento» (la tercera Sefirah, בינה), que expresa una etapa ulterior del éter hecho palpable, corresponde a un nombre divino especial cuya composición sigue: las dos letras restantes del Tetragrama después de *Iah* son *Vav* y *He*. Y éstas van precedidas por dos letras que forman el misterio de *El*. Por lo tanto, el nombre completo es *Eloha*. Este nombre también está relacionado con el misterio del alma, como está escrito; porque aunque las almas proceden del Edén, sin embargo, es su origen último desde arriba. Y en verdad, el nombre relacionado con «entendimiento» (la Sefirah בינה) es el Elohim viviente, porque él es el Rey más exaltado, elevado por encima de todo lo demás.

El cuarto nombre es el misterio del nombre de la Unidad expresada por el Tetragrama, que denota la completa extensión de la existencia. ... Es como si fuera la clavija de la cual están suspendidas todas las cosas; y es la suma total de todas las cosas, porque comprende todo lo de arriba y lo de abajo. En él está el misterio de todo ser procedente del misterio de su existencia, bendito sea su nombre. Es también el nombre que más especialmente apunta a su unidad, bienaventurado sea, de acuerdo con lo que hemos dicho sobre el misterio de sus letras.

El décimo nombre contiene el misterio de *El Shaddai*. En cierto sentido hay sólo nueve nombres, por lo cual el puro e impalpable éter (a saber, el nombre *Ehieh*) está fuera de los números (ya que es total y absolutamente incognoscible). Pero sea como sea, hay que señalar que algunos relacionan el nombre *Shaddai* con la palabra *Shoded* (destructor), que expresa, como su nombre lo hace, el atributo de la justicia. Existe también otra explicación según la cual *Shaddai* significa «el que dijo al mundo, es suficiente» (שַׁדַּי = שֶׁדַּי). Esto parece encajar con frases como: «Y *El Shaddai* te dará gracia» y «Yo soy *El Shaddai*, sé fecundo y multiplícate». Sin embargo, se puede considerar razonablemente que el nombre está conectado con el misterio de la cualidad de justicia tal como se revela aquí abajo, en estrecha relación con la santa señal de la alianza por la que prosigue la renovación de la raza, como está escrito: «Soy *El Shaddai*; sé fecundo y multiplícate», al no hacerse esta promesa a Abraham hasta que se sometió a la circuncisión... Como la renovación de la raza no puede tener lugar sin el «pacto» o la hembra, ambos deben ser considerados como indisolublemente unidos entre sí. Esto también está conectado con lo que se ha dicho a propósito del nombre de *Sebaoth* (el octavo nombre), ya que también apunta al signo y a la alianza en medio de todo su ejército. De ahí proceden todas las exaltadas huestes tanto de arriba como de abajo. El Sol es así un signo entre las huestes de otras estrellas, y ninguna de estas últimas brilla con tanta luz como el Sol... *El Shaddai* señala así a la unión de la Luna con el Sol[26] para producir descendencia según su especie. Éste es el misterio de las palabras «Soy *El Shaddai*; sé fecundo y multiplícate» y «Y *El Shaddai* te dará la gracia». Porque así (a saber, por esta unión mística de *El Shaddai*) son otorgadas al mundo todas las cosas buenas, la gracia y la misericordia de lo alto, y todos los mundos son bendecidos... Hasta aquí sobre el misterio de los diez nombres, que apuntan todos al misterio de la unidad divina.

GEORGE MARGOLIOUTH.

---

26. Hay aquí una curiosa reminiscencia de algunos pasajes de la mitología babilónica y semítica.

CITAS CABALÍSTICAS

ÍNDICE

El libro del siclo del santuario, es una obra de una importancia capital en la literatura cabalística. Escrita en 1292 en Guadalajara por Moisés Shem Tov de León, nos presenta una visión global del sistema de las Sefirot y contiene una de las síntesis más lúcidas del pensamiento cabalístico.

Nuestro autor, que ha dejado un buen número de textos, la mayoría de ellos inéditos, es conocido principalmente por atribuírsele la redacción del Zohar.

El *Séfer Yetzirah* o *El libro de la formación e*s el texto cabalístico más traducido a lenguas occidentales, el más famoso y difundido, pero también el peor conocido.

Compuesto únicamente por seis breves capítulos, ha sido objeto de numerosos comentarios. Najmánides de Girona, talmudista y médico catalán que trabajó con varias versiones de este extraordinario texto, nos ha dejado un comentario parcial que, sin embargo, resulta sumamente interesante para comprender la manera de razonar y enseñar de los cabalistas.

La presente traducción incluye el comentario de Najmánides así como las páginas del *Kuzari* de Iehudah haLevi que aluden al *Séfer Yetzirah*.